Quero
que sejas

Dados Internacionais de Catalogação na Publicação (CIP)
(Câmara Brasileira do Livro, SP, Brasil)

Halík, Tomáš
　　Quero que sejas : podemos acreditar no Deus do Amor? /
Tomáš Halík ; tradução de Markus A. Hediger – Petrópolis, RJ :
Vozes, 2018.

　　Título original : I want you to be: on the God of love
　　ISBN 978-85-326-5779-4

　　1. Amor – Aspectos religiosos – Cristianismo
2. Cristianismo e cultura　3. Deus (Cristianismo) – Amor
I. Título.

18-14745　　　　　　　　　　　　　　　　　CDD-241.4

Índices para catálogo sistemático:
1. Amor : Virtude : Aspectos religiosos :
Cristianismo　241.4

Cibele Maria Dias –　Bibliotecária – CRB-8/9427

Tomáš Halík

Quero que sejas

Podemos acreditar no Deus do amor?

Tradução de Markus A. Hediger

EDITORA VOZES

Petrópolis

Título original tcheco: *Chci, Abss Byl*
© 2012 Tomáš Halík

Traduzido do inglês: *I Want You to Be: On the God of Love*

Direitos de publicação em língua portuguesa – Brasil:
2018, Editora Vozes Ltda.
Rua Frei Luís, 100
25689-900 Petrópolis, RJ
www.vozes.com.br
Brasil

Editoração: Leonardo A.R.T. dos Santos
Diagramação: Sheilandre Desenv. Gráfico
Revisão gráfica: Nilton Braz da Rocha / Nivaldo S. Menezes
Capa: Ygor Moretti
Ilustração de capa: ©Radoslav Stoilov | Shutterstock

ISBN 978-85-326-5779-4 (Brasil)
ISBN 978-02-681-0074-2 (República Tcheca)

Editado conforme o novo acordo ortográfico.

Este livro foi composto e impresso pela Editora Vozes Ltda.

Dedicado em memória do 25º aniversário da
morte do teólogo tcheco e defensor dos direitos
humanos, prisioneiro dos nacional-socialistas e
dos comunistas, autor de uma teologia da ágape,
Josef Zvěřina (1913-1990), mestre da fé,
do amor e da coragem civil, por ocasião de seu
100º aniversário, por um de seus numerosos
alunos, autor deste livro.

Amo: volo, ut sis [*Amo: quero que sejas*].
Atribuído a Santo Agostinho

De alguma forma, o amor [tem] a ver com o divino [...]. Sim, amor é "êxtase", mas êxtase não no sentido do momento embriagado, e sim êxtase como caminho constante do eu encerrado em si mesmo para a libertação do eu, para a entrega e, justamente assim, para o encontro de si mesmo [...]. Isso, porém, é um processo que permanece continuamente em andamento: O amor jamais está "pronto" e completo; ele muda ao longo da vida, amadurece e, justamente assim, permanece fiel a si mesmo (Deus Caritas est 5; 6; 17).

No presente permanecem estas três coisas: fé, esperança e amor; mas a maior delas é o amor (1Cor 13,13).

Sumário

1

O amor – de onde e para onde

Muitas vezes me perguntei sem nunca
encontrar uma resposta de onde vêm o
bem e a mansidão. Ainda hoje não o sei,
e agora preciso ir.

Quem escreveu isso foi Gottfried Benn. Esses versos nos tocam por causa de sua autenticidade e tristeza. E, por causa da sinceridade humilde do poeta, transparece neles algo ainda mais profundo e universal, uma declaração sobre o tempo em que vivemos. As marés incessantes do mar do conhecimento humano inundam esse *nós não sabemos* e revelam ao mesmo tempo o abismo da nossa ignorância diante da pergunta pelo último *de onde*, que se opõe a qualquer definição.

Na primeira metade do século XX, diante de todos os terrores e atrocidades das guerras e dos genocídios, emergiu com nova urgência a velha pergunta: *Unde malum* – De onde vem o mal? É possível que, nos dias de hoje, nós nos acostumamos tanto com o mal, com a violência e com o cinismo que mal conseguimos pensar naquela outra pergunta: De onde vêm o bem e a mansidão? Onde o bem e a mansidão ainda se manifestam neste nosso mundo cruel? Teriam a mansidão e o bem – semelhante ao mal e à violência – sua origem em alguma das condições do nosso mundo (dependeriam, portanto, o mal e o bem da maneira como organizamos a sociedade) ou proviriam eles de alguns cantos inexplorados do nosso inconsciente ou de determinados processos complexos do nosso cérebro? Inúmeros tratados científicos descrevem aqueles processos psiconeurobiológicos que acompanham a nossa vivência de emoções, exploram os centros no cérebro que estão ativos quando recebemos ou fazemos algo bom e meigo. Não duvido de que tudo que sentimos e pensamos atravesse primeiramente os inúmeros portões do nosso "mundo natural". Nosso organismo, nosso ambiente, a cultura em que nascemos, inclusive a língua em que pensamos, participam disso e exercem sua influência sobre isso. Nosso corpo e nossa psique, nosso cérebro e tudo que acontece nele, tudo isso é parte do "mundo" ou da "natureza", daquele corredor fragmentado pelo qual corre o rio da vida. Onde, porém, encontramos sua verdadeira fonte última?

Uma noção primordial da humanidade afirma que o bem e a mansidão não podem ser vistos como mero *produto* de nós mesmos e do nosso mundo, mas como *presente*, como dádiva. Podemos simplesmente rejeitar essa noção segundo a qual aquela luz e aquele calor da vida, que mal ousamos designar com uma palavra tão desgastada como "amor", surgem como uma qualidade radicalmente nova em nosso mundo – e, portanto, também em nosso pensamento e em nosso agir –, que nos preenche sempre de novo com maravilha e gratidão? Não são também o mundo e tudo que pertence a ele (inclusive os seres humanos) primeiramente recipientes e não "produtores" do amor? Não é também o próprio mundo um presente, não fomos também nós dados a nós mesmos – e não é desse presente, continuamente renovado e reanimado por esse "de onde", do qual jorra o amor? Mas se procurarmos essa fonte em algum "além" distante *lá fora*, não perderíamos assim a oportunidade de encontrar esse amor naquele lugar que costumamos ignorar justamente por causa de sua proximidade: *no interior*?

De onde provêm o bem e a mansidão? Preciso confessar que eu *não sei*; todas as respostas que me vêm à mente me parecem mais uma cortina pesada que cobre a janela aberta dessa pergunta. Existem perguntas tão boas que seria uma pena destruí-las com respostas. Existem perguntas que, como uma janela, deveriam permanecer abertas. Essa abertura não precisa levar à resignação, mas pode levar à contemplação.

O leitor, que sabe que este livro foi escrito por um teólogo, espere talvez impacientemente pelo momento em que direi que a resposta à essa pergunta pelo último é, naturalmente, Deus. No entanto, ao longo do tempo amadureceu em mim a convicção de que *Deus se aproxima de nós mais na forma de perguntas do que de respostas*. Talvez aquele que designamos com a palavra "Deus" esteja mais presente justamente quando hesitamos em usar a palavra rápido demais. Talvez ele se sinta mais à vontade naquele espaço aberto da pergunta do que na garra das nossas respostas, das nossas afirmações definitivas, das nossas definições e alegações. Sugiro que usemos seu santo nome com muito cuidado e muita circunspeção!

Talvez aqueles momentos históricos em que nós, por indiferença ou educação, nos calamos sobre Deus no espaço público e acadêmico sejam também para o teólogo a rara oportunidade de abandonar a ladainha religiosa do passado e voltar para aquilo que o Doutor da Igreja, Tomás de Aquino, ressaltou no início de suas pesquisas filosófico-teológicas: Deus não é "evidente"; a partir de nós mesmos não sabemos o que ou quem Deus é. Mas não devemos ter medo da vertigem que pode se apoderar de nós quando olhamos para as profundezas do desconhecido. Não devemos ter medo da confissão humilde: "Nós não sabemos" – pois isso não é o fim, mas sempre o novo começo de um caminho sem fim.

A confissão do "nós não sabemos" não representa um obstáculo insuperável nem para a *fé,* nem para a esperança e nem para o amor, essas três figuras da "paciência com Deus" e com sua natureza oculta[1].

---

1. Descrevo este aspecto das "virtudes divinas" em meu livro *Vzdáleným nablízku* (Praga, 2007) [em alemão: *Geduld mit Gott*. Freiburg, 2010].

Para muitas pessoas do meu convívio, muitas declarações bíblicas sobre o amor ("Deus é amor", "Amai a Deus de todo coração", "Deus amou ao mundo", "Amai vossos inimigos") soam como frases de uma língua desconhecida, incompreensível ou há muito extinta. Muitas vezes, essas pessoas descrevem a si mesmas como "incrédulas" (ou, pelo menos, como "pessoas que creem em algo diferente": como diferentes daqueles que confessam a fé cristã ou judaica). No mundo da Bíblia, da teologia e da fé cristã, elas são como estranhos – portanto, entendo que essas e outras afirmações semelhantes lhes pareçam como uma melodia de um mundo distante ou como ruínas daquelas cidades em que viviam seus antepassados.

Quais conclusões podemos tirar dessa observação? Não fujamos da pergunta de como podemos entender essas afirmações que expressam nossa coragem de continuarmos a chamar-nos cristãos neste mundo! Aquelas sentenças nos são tão familiares porque nós as ouvimos tantas vezes. Mas como elas correspondem às nossas experiências, ao nosso mundo do dia a dia?

Lembro-me aqui novamente da história de um jovem judeu que, contra a vontade de seu pai, um rico comerciante, se matriculara numa escola rabínica. Quando voltou para casa durante as férias, seu pai o provocou: "Então, meu filho, o que você aprendeu neste ano?" O jovem respondeu: "Aprendi que o Senhor, nosso Deus, é único". O pai agarrou pelo ombro o primeiro aprendiz que passou por ele e lhe perguntou: "Isaque, você sabe que nosso Deus é o único Senhor?" "É claro", respondeu o aprendiz um pouco parvo. Indignado, o filho exclamou: "Eu sei que ele *ouviu* isso – mas: será que ele também *aprendeu* isso?"

Com este livro, pretendo prestar contas daquilo que tentei *aprender*, dos meus esforços de compreender mais a fundo essas sentenças aparentemente tão simples e conhecidas que a Bíblia diz sobre o amor. Mas confesso desde já: Estou longe de chegar a uma conclusão definitiva em relação a essas afirmações sobre o amor divino, o amor a Deus e o amor aos inimigos, que, de forma alguma, são de uma leitura tão fácil quanto possa parecer à primeira vista – principalmente quando tentamos "traduzi-las" para a língua da experiência atual! Este livro, como todos os anteriores que escrevi, nada mais é do que "um registro num diário de viagem"; ele quer servir como inspiração e encorajamento no caminho, quer incentivar o leitor a procurar com coragem própria; não ofereço aqui um conjunto de mapas confiáveis.

"Você já escreveu livros sobre a fé e sobre a esperança – quando escreverá um livro sobre o amor?" O jovem homem que me fez essa pergunta num auditório durante uma das minhas conversas com meus leitores deve ter ficado tão surpreso quanto eu ao ver como a sua pergunta me deixou constrangido. "Provavelmente ainda não sou velho o bastante para fazê-lo", murmurei – mas naquele mesmo instante eu soube que sua pergunta seria um desafio para mim, um desafio ao qual eu não conseguiria resistir eternamente.

Quando respondi aos meus amigos que, curiosos, me perguntavam qual era o tema que eu estava preparando para o meu novo livro e eu lhes disse que escreveria sobre o amor, sua reação pouco entusiasmada e seu embaraço não me surpreenderam.

Alguns anos atrás, quando, por acaso presenciei uma cerimônia de casamento na Catedral de Budapeste, perguntei ao meu guia turístico (que, ao contrário de mim, dominava a língua húngara) se aquela palavra que o padre usou umas trinta vezes durante sua curta homilia significava "amor". Quando o guia respondeu que sim, eu jurei a mim mesmo que, caso me tornasse padre, eu usaria aquela palavra com tanta austeridade quanto usava açafrão na cozinha. Nas livrarias com literatura religiosa, sempre evitei instintivamente aqueles livros que ostentam a palavra "amor" em seu título: Eu temia que, logo nas primeiras palavras, eu seria borrifado com aquele perfume doce e barato da breguice religiosa que me enoja imediatamente. A "literatura secular" também está repleta de "amor" – desde a poesia erótica até os manuais do aconselhamento psicológico para as relações interpessoais. Em vista dessa inflação da temática do amor, o que a teologia filosófica, a hermenêutica da fé pode contribuir para o tema?

"É preciso considerar que o amor precisa se expressar mais nos nossos atos do que nas palavras", escreveu meu santo preferido, o fundador dos jesuítas Inácio de Loyola. Mas a reflexão, contanto que ocorra com sinceridade, também já é um ato e é capaz de inspirar atos que não devem ser rejeitados como superficiais. Qual, então, é a direção que nossos esforços intelectuais devem seguir se quisermos compreender mais a fundo a relação entre amor e religião, entre amor e fé cristã?

Alguns representantes da filosofia analítica certamente baniriam imediatamente do campo linguístico a sentença "Deus é amor" – pois essa afirmação não pode ser confirmada nem refutada. A palavra "amor" – semelhante à palavra "Deus" – é uma típica expressão polissemântica; seria difícil encontrar duas outras palavras com as quais pessoas diferentes designam coisas tão diferentes.

Desejo enriquecer neste livro as considerações sobre o amor com a tentativa de orientar minhas exposições por dois aspectos tipicamente cristãos, inexistentes na noção secular do amor, sobre os quais, porém, também muitos manuais religiosos só conseguem afirmar banalidades: De um lado, trata-se *do amor a Deus*, de outro, *do amor aos inimigos*. Tenho certeza de que justamente essa visão dupla – que está intimamente vinculada à *relação do ser humano consigo mesmo e com o mundo* – é mais urgente nos tempos de hoje do que pode parecer à primeira vista.

Amor significa uma superação de si mesmo. E para onde o ser humano pode irromper de forma mais radical de sua preocupação consigo mesmo – tão dominante hoje em dia – do que em direção ao "mistério absoluto" (ou seja, a Deus) e em direção àquela estranheza perturbadora e ameaçadora daquele mundo que lhe mostra seu rosto hostil (ou seja, do inimigo)? Em minhas contemplações anteriores, cheguei à convicção de que a fé (no sentido bíblico original da palavra) não consiste em defender determinadas opiniões e "certezas", mas na coragem de adentrar o espaço do mistério: "Abraão partiu sem saber onde chegaria"[2]. Parece-me que, para o amor (e também para o amor a Deus e o amor ao inimigo), vale a mesma coisa: Trata-se de um empreendimento arriscado do qual nunca sabemos de antemão como será seu resultado; trata-se de um caminho do qual nunca podemos dizer com certeza para onde ele nos levará.

Quando afirmo isso sobre "o amor aos inimigos" (aquela exigência absurda de Jesus), o leitor certamente compreenderá isso. Mas o mesmo vale igualmente para o nosso "amor a Deus"! Não descobriremos mais cedo ou mais tarde que ele era apenas uma projeção ilusória de nossos sonhos e desejos relacionados ao céu?

Para muitas pessoas, a expressão "amor a Deus" soa igualmente absurda quanto o conceito do "amor aos inimigos". E após 35 anos no ministério pastoral, ouso afirmar que a sentença "Amarás o Senhor teu Deus com todo o coração, com toda a alma, com todas as forças" (Dt 6,4-5) leva também muitas pessoas *crentes* a duvidar: O que Deus espera de mim em termos concretos?

Meus livros não se dirigem àqueles que acreditam compreender suficiente e totalmente aquilo que o mandamento do amor a Deus expressa; essas pessoas já receberam suas recompensas por suas certezas. Dirijo-me àqueles que *buscam* o sentido dessas palavras, e não importa se eles se consideram crentes (independentemente da confissão – pois em todas as Igrejas e grupos religiosos encontramos pessoas que entendem a fé não como "posse", mas como *método*, como um caminho que sempre continua), "quase crentes" ou "ex-crentes" (aos quais o destino roubou suas antigas certezas religiosas), céticos, agnósticos ou incrédulos (pois também no mundo multifacetado dos "incrédulos" existem pessoas que veem

---

2. Cf. Hb 11,8.

sua incredulidade não como ponto de chegada, onde elas poderiam se aconchegar como que num sofá, mas que também se veem como "pessoas a caminho"). Dirijo-me à pessoa que encontro dia após dia em todo lugar ao meu redor (e, às vezes, dentro de mim mesmo), à pessoa que *simul fidelis et infidelis*, que é crente e incrédula *ao mesmo tempo*, o que significa que, de forma alguma, ela possa ser considerada "desprovida de talento religioso", mas que conhece em sua jornada da fé também momentos do silêncio de Deus e de estiagem interna; às vezes, ela perde o rumo e volta a encontrá-lo; ela tem perguntas sem respostas e conhece também momentos de rebeldia. Dirijo-me a pessoas que, como aquele homem no evangelho, precisam exclamar repetidas vezes: Eu creio, Senhor, mas ajuda minha falta de fé![3]

Um teólogo é uma "pessoa cuja profissão é duvidar". Mesmo quando ele está totalmente ancorado em Deus e possui uma fé ardente e sincera, sua obrigação é acompanhar o rebanho daqueles que buscam, perguntando sempre de novo como ele vivencia, compreende e expressa sua fé. Uma fé que sempre é inquietada por dúvidas e precisa lutar com a incredulidade em seu interior não é, por isso, apenas "meia fé".

Em meus livros, volto minha atenção para o diálogo da fé com a incredulidade, um diálogo que, a meu ver, não representa uma luta entre dois partidos inimigos, mas que é uma luta travada *dentro de* muitas, muitas pessoas. Tento mostrar que a fé (de determinado tipo) e a incredulidade (de determinado tipo) representam duas interpretações diferentes, duas visões de perspectivas diferentes da *mesma* montanha coberta pela nuvem do mistério e do silêncio. Repetidas vezes tenho interpretado a incredulidade do nosso tempo como a "noite escura coletiva do espírito", como momento do "eclipse divino" na Sexta-feira Santa, que os não religiosos podem

---

3. Cf. Mc 9,24.

perceber como "morte de Deus", mas que, para os crentes, é a transição necessária para a segunda-feira de páscoa.

Neste livro, tomo mais um passo nesse caminho. Mostro que o "desaparecimento de Deus" não precisa ser visto apenas como "noite escura". O mandamento do amor pode levar a uma experiência mística na qual "Deus desaparece" e, ao mesmo tempo, "desaparece também o eu humano". Pois o amor transcende os limites entre "sujeito e objeto" – e essa inserção de Deus no mundo, que, no espírito da filosofia moderna, se divide estritamente em uma esfera "subjetiva" e outra "objetiva", completou a confusão fatídica do Deus da Bíblia com um ídolo banal da Modernidade. Este merece ser rejeitado pelo ateísmo![4] Um Deus "apenas objetivo" ou um Deus "apenas subjetivo", um Deus apenas exterior ou apenas interior em relação ao mundo e ao ser humano realmente não é digno nem de fé nem de amor.

O vínculo entre o mandamento do amor a Deus e o mandamento do amor ao próximo – o núcleo do evangelho de Jesus – permite redescobrir o Deus desaparecido justamente no *relacionamento com o próximo*. Deus *acontece* bem ali, onde amamos o ser humano, o nosso próximo. Jesus se recusa a excluir de antemão qualquer pessoa da categoria dos "próximos", até mesmo o inimigo. Jesus inverte a pergunta de quem (ainda) é o nosso próximo: Faça-se o próximo de todos. Semelhantemente ao modo em como o vínculo entre o mandamento do amor a Deus e o mandamento do amor ao próximo supera a tentação de transformar Deus em um objeto, em um ídolo abstrato, o mandamento do amor ao inimigo supera a tentação semelhante de transformar o ser humano em um ídolo abstrato; não podemos ter uma resposta pronta à pergunta de quem é Deus e quem é o nosso próximo; precisamos sempre buscar essa resposta e nisso podemos vivenciar como, nesse processo de busca, o horizonte das respostas possíveis se amplia continuamente. Aquele

---

4. Mais sobre isso especialmente nos capítulos 4 e 5 deste livro.

que *derruba* a fronteira entre Deus e o ser humano *derruba também todas as fronteiras entre os seres humanos* e recusa, uma vez por todas, qualquer divisão dos seres humanos em "nós e eles".

Tenho certeza de que a "segunda palavra" após a *morte de Deus*, aquele retorno que, segundo os evangelhos, se iniciou na segunda-feira de páscoa e se completará no fim dos tempos, é a *descoberta do amor*, do amor naquele sentido radical que o evangelho deu a essa palavra: Aqui o amor é compreendido como a força incondicional e abrangente da conexão com Deus e com todos os seres humanos, inclusive os inimigos. Jesus fala do amor que satisfaz o anseio primordial do ser humano pela perfeição, de ser como Deus: "Sede perfeitos como o vosso Pai celeste é perfeito. [...] Porque ele faz nascer o sol para bons e maus, e chover sobre justos e injustos" (Mt 5,48.45). No entanto, esta é uma concepção totalmente diferente da concepção romântica do amor como emoção. Mas a palavra "amor" também foi lançada nessas águas rasas do sentimentalismo no contexto cristão. O amor, como o evangelho o compreende, nada tem em comum com erupções sentimentais românticas; trata-se antes *da coragem de morrer para o egoísmo, de se esquecer em prol do outro, de superar a si mesmo.*

Precisamos repetir sempre: Em sua essência, o amor é *transcendência*, a transposição dos limites que cercam "este mundo", o mundo das coisas, a nossa existência. (Usando as palavras de Martin Buber[5]: significa sair do mundo do objeto e entrar no mundo do "tu".) Por isso, o amor é, em sua essência, um tema religioso, teológico, e a teologia filosófica não pode confiar esse tema apenas à literatura, à psicologia ou às ciências naturais. Ao mesmo tempo, não pode se negar àquilo pelo qual a temática do amor pode ser enriquecida sob outras perspectivas. Falando nisso: Qual deveria ser o tema da teologia cristã senão o amor, o amor em sua radicalidade e profundeza que só a visão da fé consegue alcançar! A teologia tem

---

5. Cf. BUBER, M. *Ich und Du*. Leipzig, 1923.

a obrigação de refletir sobre o amor, mesmo sabendo que todas as suas afirmações precisam se calar no silêncio contemplativo no limiar do mistério.

Mas este livro segue ainda um "segundo plano". Como já em meus livros anteriores, procuro também aqui vincular um tema espiritual, teológico-filosófico à tentativa de oferecer um diagnóstico do nosso tempo. Não pretendo falar do amor como sentimento privado. Diante dos sistemas totalitários do século XX, Teilhard de Chardin escreveu – em sua análise da história – que "o amor é a única força que une sem destruir"[6].

Quando olho o Ocidente nos dias de hoje – e especialmente a Europa, que se uniu política, administrativa e economicamente, mas não possui uma visão espiritual crível e sustentável – tento refletir e desenvolver de forma cada vez mais profunda a minha "ideia fixa": um futuro da Europa que consiste em encontrar uma compatibilidade dinâmica entre as duas tradições europeias: as tradições cristã e a humanista-secular. Neste livro, voltarei meu olhar também para o encontro e o conflito entre *três correntes* na Europa atual: entre o cristianismo, o "humanismo laico" e o "neopaganismo". E já que aprendi com Teilhard de Chardin a não ter medo de visões que, para muitos, podem ser utópicas (pois cada visão é, em sua essência, uma utopia, mas isso não reduz em nada a sua força e importância), ouso perguntar: Não será decisivo para o resultado do conflito entre os diferentes conceitos do Ocidente qual projeto será capaz de oferecer um espaço maior para o amor no nosso mundo, o espaço maior para "o bem e a mansidão"?

Em sua passagem chamada também de "Cântico dos cânticos do ódio à religião" sobre seu conflito com Hegel, naquele texto

---

6. Mais sobre isso no capítulo 12 deste livro.

curioso e florido, do qual costumamos conhecer apenas a metáfora sobre a religião como "ópio do povo" (e isso muitas vezes apenas na versão distorcida de Lenin como "ópio para o povo"), Karl Marx chama a religião o coração num mundo sem coração, o sentimento de um mundo sem sentimentos[7]. Marx certamente não entendia isso como elogio. Mas suas sentenças têm sua vida própria: Não podemos interpretar essa afirmação de modo um pouco diferente e colocá-la a serviço de nossa busca por aquele "De onde vem a mansidão; de onde, o bem?" Não exerce a religião no nosso mundo um papel bom e importante pelo mero fato de preservar num mundo sem sentimentos a fonte daquilo que contrasta fortemente com sua ausência de sentimentos, ou que preserva, no mínimo, a pergunta e a sede por aquela fonte?

Sim, ainda mais importante do que a resposta à pergunta pela origem do bem e da mansidão é a resposta ao que precisamos fazer ou não fazer para que essa luz ameaçada não se apague neste mundo, para que essa água viva não esgote. Mas mesmo que não cheguemos a uma resposta satisfatória neste livro, pelo menos nos fortalecemos na determinação de perseverar nessas perguntas.

---

7. Cf. a introdução de MARX, K. *Zur Kritik der Hegelschen Rechtsphiloso-phie*, 1884.

2

À espera da segunda palavra

Cheguei à conclusão de que Deus se aproxima de nós não na forma de uma resposta, mas de uma pergunta. Em tempos em que a pergunta por Deus não só permanece sem resposta, mas muitas vezes nem é feita, Deus talvez se dirija a nós de modo semelhante a como se dirigiu a Jó: Eu te perguntarei, tu responderás!

Em meus livros anteriores, eu costumava partir de um pensamento do filósofo Richard Kearney que ele desenvolveu de maneira notável numa meditação sobre a história bíblica de Moisés diante da sarça ardente. Ele escreve que Deus se aproxima de nós não como "fato", mas como possibilidade, como desafio e incentivo. Se você aceitar a missão na qual o envio, eu estarei com você – é assim que Kearney interpreta a resposta do Senhor ao pedido de Moisés de que Deus se apresente com seu nome[8]. Eu acrescentaria: Refletir sobre Deus significa expor-se a si mesmo às perguntas: Quem é você? Onde está você? Mas também: Onde está seu irmão?[9]

Aos poucos tenho aprendido a ler a Bíblia para procurar nela não respostas, mas perguntas. Às vezes, parece-me até que, na Bíblia Hebraica, o Senhor pergunta mais do que responde. A muitas das nossas perguntas não encontramos respostas na Bíblia, não, pelo

---

8. Cf. KEARNEY, R. *The God Who May Be* – A Hermeneutics of Religion. Bloomington, 2001, p. 20-38.

9. Cf. as perguntas do Senhor a Adão e Caim em Gn 3,9 e 4,9.

menos, respostas claras e inequívocas. As pessoas costumam recorrer à Bíblia para encontrar nela a resposta à pergunta se Deus existe. E então ficam surpresas quando descobrem que esse livro não só não responde a essa pergunta, mas nem mesmo a levanta; a Bíblia não perde tempo com a pergunta especulativa pela existência de Deus ou com alguma demonstração de sua existência. Ela prefere oferecer em suas histórias sobre pessoas a possibilidade de participar de suas experiências com Deus. Nas seguintes exposições apresentarei ainda uma surpresa que vivenciei durante a leitura dos evangelhos: Evidentemente, Deus espera de nós algo diferente do que a nossa fé em sua existência. Aquele que acredita que podemos resolver a "pergunta pela existência de Deus" respondendo com um simples "sim", que assim nos livramos do dilema se Deus existe ou não, essa pessoa ainda está a milhas dos portões da fé cristã.

Quando uma pessoa lê a Bíblia com sinceridade, ela não consegue se esquivar da pergunta que surge durante a leitura de algumas páginas se estas realmente foram inspiradas por Deus ou se elas não foram ditadas pelo próprio diabo – estas foram as palavras de um teólogo que havia dedicado toda sua vida adulta ao estudo das Escrituras Sagradas[10].

Uma dessas páginas é, sem dúvida, a narrativa sobre o sacrifício de Abraão[11]. Se Abraão tivesse executado até as últimas consequências aquela primeira ordem que Deus lhe deu e tivesse ignorado aquela segunda ordem totalmente contrária, ele teria se tornado o assassino de seu filho. Como, porém, podemos distinguir aquela palavra "sacrifique o seu filho" daquela outra "não lhe faça mal algum"? Talvez os fundamentalistas e fanáticos religiosos sejam aque-

---

10. Segundo uma afirmação transmitida pelos alunos do famoso professor evangélico tcheco para o Antigo Testamento, Slavomil C. Danek.
11. Cf. Gn 22,1-18.

les que sempre ouvem apenas a primeira palavra da boca divina e nunca esperam pela segunda. No entanto, não devemos nos elevar acima deles com tanta pressa: Quem é realmente capaz de entender um Deus que se expressa de forma tão contraditória? Muitas vezes, a nossa própria fé está tão concentrada na primeira palavra da boca de Deus que ela não consegue ouvir a segunda. Talvez seja esta a razão pela qual não esperamos mais outras palavras divinas, porque, no fundo, não queremos ouvi-las — porque elas poderiam privar-nos da nossa certeza que conseguimos construir em torno da nossa compreensão atual. Mas será que alguém — seja ele ateu, agnóstico ou algum tipo de crente — pode afirmar com certeza que seus pensamentos atuais sobre Deus não se baseiam em algo que, talvez, ainda nem foi falado por completo?

E quem de nós tem a coragem de se expor a um Deus que constantemente transcende as concepções que elaboramos a seu respeito e assim nos obriga a reavaliar sempre de novo os nossos modos de ver o mundo e a nós mesmos? Não me surpreende o fato de que as pessoas sempre preferiram e ainda preferem produzir ídolos (antigamente, de metal e madeira; hoje, de ideias e concepções), pois sempre sabem uma vez por todas com o que estão lidando e o que podem esperar deles.

O espírito analítico, a imaginação poética e passional e a alma dolorosamente abalada, a alma de um eterno inquisidor inquieto, eternamente insatisfeito consigo mesmo, com o mundo e com a Igreja, torturavam Sören Kierkegaard incessantemente com a história do sacrifício de Abraão. Ele girava em torno daquela narrativa como uma mariposa borboleteia em torno da chama que a devora. Esse pensador nórdico se colocou no lugar daquele homem que havia sido chamado por Deus para fora da região das certezas e seguranças de seu passado e ao qual Deus deu a ordem de matar todo o futuro que lhe havia sido prometido com seu filho; ele se colocou no lugar daquele homem a quem restava apenas o momento presente, aquele momento da provação, da escolha fatídica entre fé e incredulidade. Abraão levou consigo a faca da obediência incondicional; mas, ao mesmo tempo, também a esperança de que Deus, no momento em que ele ousaria dar esse salto de fé, não o deixaria cair no abismo do nada e do absurdo. Nesse caminho da fé, ele teve que atravessar as tempestades e escuridões da dúvida e, mesmo assim, ele não permitiu que a pequena chama da esperança e da confiança nesse Deus incompreensível se apagasse. E foi justamente essa esperança ("a esperança contra toda esperança", como o Apóstolo Paulo a chamará[12]) que lhe abriu o ouvido para a segunda palavra, para a palavra salvadora de Deus.

Em suas meditações sobre Abraão, o pai da fé, Kierkegaard inventou de passagem também um novo tipo de teologia filosófica. O que o interessava não era uma "ciência de Deus" – afinal de contas, é impossível captar o mistério daquele Deus que se revela em histórias semelhantes da Bíblia e nos paradoxos do nosso mundo e nas histórias paradoxais da vida humana, na rede de alguma "racionalidade científica", nas "teias da razão", como dizia Nietzsche. O que podemos realmente "saber" sobre Deus além do fato de que ele transcende radicalmente todo o nosso conhecimento? Não ensinavam já Anselmo, Pascal e Kant que a maior tarefa da razão é conhecer e reconhecer os limites de seu conhecimento?

O caminho que Kierkegaard descobriu consiste na análise filosófica e psicológica da experiência da fé humana – que é afiada como uma faca e, ao mesmo tempo, mansa –, da experiência da superação própria, da coragem de adentrar com confiança a nuvem impenetrável do mistério, da determinação de não recuar diante do abismo, diante do qual a razão é tomada de vertigem e diante do qual ele recua e se esconde na mata de suas objeções e justificações. Não

---

12. Cf. Rm 4,18.

devemos abandonar a trilha do pensamento religioso descoberta por Kierkegaard não só porque ela não nos leva à segurança de respostas prontas. Um discípulo de Jesus não pode ter medo de andar sobre a água. Ele não pode temer o abismo das perguntas que não oferece pontes sólidas de respostas definitivas.

Kant, o príncipe dos racionalistas, observou em relação aos limites daquilo que a razão pode afirmar sobre Deus que "a razão precisa ser contida para dar mais espaço à fé". Kierkegaard – se é que eu o entendo corretamente – nos inspira a delimitar o reino das "certezas religiosas" e a dar mais espaço à fé que representa uma aventura espiritual corajosa e arriscada.

Podemos crer num Deus sobre o qual sabemos tão pouco – ainda mais quando o nosso conhecimento consiste tantas vezes em paradoxos, em afirmações mutuamente contraditórias? E podemos amar um Deus desse tipo? E mais: A palavra "amor", que hoje, em virtude dos chavões sentimentais – religiosos e profanos –, se apresenta como algo tão doce, mas tão batido, ainda possui algum sentido? E se formos um passo além: Aquilo que designamos com essa palavra possui de todo algum sentido?

Tenho certeza de que essas duas perguntas – "Deus existe?" e "O amor tem algum sentido?" – não só dependem uma da outra: no fundo, são uma só pergunta, a mesma pergunta formulada de modo diferente (no contexto de outro "jogo linguístico"). Não conheço uma tradução melhor da afirmação "Deus existe" do que a sentença "O amor tem sentido". O espaço para verificar essas sentenças não é, porém, a sala de aula da antiga metafísica (da qual nos tiraram Kant e Kiekegaard, cada um por uma porta diferente), mas a própria vida; uma resposta positiva a essa pergunta dupla não pode ser demonstrada e provada, apenas apontada; temos apenas a nossa própria vida para apontar para ela – e testemunhá-la.

Se quisermos nos aproximar do sentido das afirmações religiosas centrais e se quisermos apresentá-las àqueles para os quais a religião tem sido uma língua estranha até agora, precisamos buscar uma "tradução" paciente e responsável. Vivemos num tempo em que a forma do mundo humano e o horizonte de nossos conhecimentos se transformam rápida e radicalmente; vivemos num tempo em que o ser humano alcançou um poder sobre a vida e a natureza tão grande e no qual – também em decorrência desse poder do ser humano – ele se vê confrontado com ameaças inéditas referentes à destruição total de si mesmo e de seu planeta. Por isso, não surpreende que, num tempo de tamanhas revoluções fundamentais, muitos dos postulados que as gerações antecedentes aceitaram como respostas prontas, hoje voltam a se apresentar como perguntas para a maioria dos nossos contemporâneos.

Isso vale certamente também para muitas sentenças da religião (mas também do ateísmo) – pois como a reflexão sobre as "últimas coisas" poderia permanecer isenta desses abalos? Pois a nossa vida espiritual (se ela for vida verdadeira, ou seja, movimento) e nossas concepções religiosas não estão separadas da totalidade da nossa vida, do nosso conhecimento, pensamento, sentimento, das nossas experiências, do nosso "mundo de vivência"! Deus nos colocou num tempo e num espaço nos quais a fé é incentivada a sair da casa daquelas certezas em que ela se acomodou, para se pôr mais uma vez a caminho da busca. O mesmo vale para o ateísmo.

Ouvimos e lemos que, no espaço cultural da Europa, o número das pessoas religiosas está diminuindo – mas essa alegação tão repetida e batida só consegue se manter se aplicarmos o conceito da "pessoa religiosa" – injustamente – apenas às pessoas arraigadas nas formas tradicionais da religião. Falando nisso: O número de "ateus convictos" também está diminuindo. Mas o número daqueles que buscam, o número "das pessoas a caminho" está aumentando.

E não é justamente Abraão, o "pai da fé", que, ao receber o chamado de Deus, se pôs a caminho repetidas vezes ("e ele partiu, sem saber para onde iria", dizem as Escrituras[13]), o pai justamente daquele tipo de fé, de uma fé que se pôs a caminho, ou seja, de uma fé como caminho?

Abraão enfrentou o caminho íngreme da fidelidade e da obediência. Mesmo assim, ele nunca desistiu totalmente da esperança de que a Palavra de Deus que ele tinha ouvido e que, com todo direito, lhe parecia obscura, incompreensível e absurda não seria sua última palavra. Ele nunca desistiu da esperança de que Deus lhe devolveria seu filho, de que ele mesmo "escolheria o sacrifício". E, de fato, o Senhor falou a ele mais uma vez.

A tradição cristã reconhece no carneiro que Abraão sacrificou no lugar de seu filho o exemplo de Cristo e de seu sacrifício pascal na cruz. E também a história pascal no Novo Testamento contém duas palavras divinas distintas. A cruz não é a última palavra da história de Jesus. Ao nascer do dia na manhã da Páscoa ocorre outra mensagem, o próximo desafio: Deus voltou a falar. (E precisamos acrescentar aqui, que os textos do Novo Testamento não ocultam o fato de como foi difícil para esse novo evento verbal romper o luto e a desconfiança dos amigos e discípulos mais próximos de Jesus.)

Deus meu, Deus meu, por que me abandonaste? Segundo o evangelho de São Marcos, Jesus se despede deste mundo com essas palavras nos lábios. Após muita procura, é justamente esse grito desesperador que está se tornando cada vez mais a pedra angular da minha fé e o ponto de partida da minha reflexão sobre a fé, da minha teologia. Esse testamento curioso pode ser compreendido como grito de um desespero que não vê saída, como reconhecimento da derrota definitiva, como questionamento da própria vida por Jesus, como negação e revogação de todo seu ensinamento sobre a fé, o

---

13. Cf. Hb 11,8.

amor e a esperança. Resta aqui, por trás desse abismo escuro desse grito, qualquer espaço para algum tipo de cristianismo? Ou, em outras palavras: Um cristianismo que levianamente ignora esse abismo que se expressa nessas palavras, que deseja negá-las, recalcá-las da memória ou simplesmente ignorá-las, não seria superficial, excessivamente superficial?

Jesus citou aqui o Sl 22, que começa com essas palavras desesperadoras, mas que termina numa entrega à fé – é o que lemos numa série de comentários tranquilizantes. Mas mesmo se assim fosse, isso minimizaria o terror desse primeiro versículo que Jesus gritou pendurado na cruz? Chesterton comentou essas palavras com a observação famosa de que um ateu, caso fosse obrigado a escolher uma religião, deveria escolher o cristianismo, pois naquele momento Deus parecia ser ateu[14]. Os teólogos que defendem a tese segundo a qual Deus teria morrido em Cristo[15] afirmam com isso também implicitamente que apenas o Deus onisciente – ao contrário de nós, os mortais vivos, mas também ao contrário dos "imortais" (os deuses pagãos) – sabe o que é a morte.

Ao reproduzir o grito de Jesus na cruz, o evangelho de São Marcos descreve evidentemente aquilo que o Credo dos Apóstolos expressa com a frase "desceu aos infernos". O grito de Jesus e a frase "desceu aos infernos" são duas expressões diferentes do fato de que Jesus se solidarizou tanto com os pecadores que ele também tomou sobre si o "salário do pecado" – o vazio abismal do abandono, da separação total de Deus. Pois o que significaria a palavra "inferno" senão exatamente isso?[16] Quando a imaginação popular povoa o in-

---

14. Cf. CHESTERTON, G.K. *Orthodoxy*. Londres, 1908.

15. A ortodoxia dessa sentença paradoxal, que aparentemente contradiz ao artigo da fé segundo o qual Jesus teria morrido na cruz em sua natureza humana, mas não divina, é garantida pelo importante princípio metodológico da teologia cristã da *"communicatio idiomatum"* – por causa da união hipostática das naturezas humana e divina na pessoa de Jesus Cristo é possível atribuir os atributos da Palavra de Deus (do *logos*) à pessoa Jesus; e os atributos humanos, ao *logos*.

16. Em seu livro sobre a escatologia (*Eschatologie* – Tod und ewiges Leben. Regensburg, 1997), J. Ratzinger vai ainda mais longe em seu comentário sobre a

ferno com diabos e o equipa com câmaras de tortura, isso deve ser visto simplesmente como tentativa de ocultar o abismo ainda mais aterrorizante do vazio inconcebível do nada eterno.

Os pensamentos seguem uma direção um pouco diferente quando levamos em conta a informação de que a tradução literal daquelas palavras de Jesus é: Deus meu, Deus meu, para que me abandonaste?[17] Esse diagnóstico evidencia que esse "testamento de Jesus" não é o grito resignado de um desesperado, que está voltado para o passado e desiste de fé e esperança, mas uma pergunta dirigida a Deus numa oração penetrante; uma pergunta voltada para o futuro, para o sentido que ainda precisa se revelar.

Deus, para que tudo isso? Essa pergunta não se dirige a nós. Não temos a competência para respondê-la na forma de teorias especulativas sobre o sentido da cruz. Essa pergunta só pode ser feita no momento da morte, da partida do mundo, pois o mundo não conhece a resposta a ela. Essa pergunta visa a algo que se encontra por trás do horizonte daquilo que é o mundo como nós o conhecemos e podemos reconhecer, que está por trás da totalidade das nossas experiências e dos objetos do nosso conhecimento. Trata-se de uma pergunta, que trespassa o mundo e a vida no mundo em direção de um mistério radical, daquele desconhecido que chamamos de Deus. Em Jesus, porém, esse desconhecido entrou na história, no mundo, até mesmo no mundo das nossas dores, em nossas escuridões, em nossa morte e em nossos infernos.

A pergunta de Jesus na cruz só pode ser dirigida a Deus – e apenas Deus pode respondê-la. Mas nós podemos perguntar como o Pai teria respondido a essa pergunta do Filho. O evangelho responde aqui com um código. Essa palavra, que designa algo que os

---

expressão "desceu para o inferno": "Com a descida de Jesus para o *sheol* o próprio Deus desceu: assim a morte deixa de ser a terra esquecida da escuridão e o lugar da distância de Deus. Em Cristo, o próprio Deus desceu para o reino da morte e transformou o lugar sem qualquer comunicação em espaço de sua presença".

17. Cf. FRANKL, V.E. & LAPIDE, P. *Gottsuche und Sinnfrage* – Ein Gespräch. Gütersloh, 2005, p. 122s.

apóstolos não compreenderam quando Jesus lhes falou sobre ela[18] e que é também de difícil compreensão para nós no mundo de hoje, é a palavra "ressurreição". Não podemos nos esconder da seriedade desse conceito central do credo cristão nem em concepções ingênuas de uma mera reanimação de um corpo (a ressurreição não é uma reanimação seguida pelo retorno para a vida terrena) nem em uma simbolização banal (a ressurreição não é apenas uma expressão mitológica daquela convicção segundo a qual os "pensamentos de Jesus vivem eternamente").

Talvez poderíamos tentar expressar essa resposta de Deus à cruz de outro modo: Jesus, o homem que as pessoas haviam tirado de seu caminho, foi devolvido "ao jogo" por Deus. Mas ele o devolveu como pessoa transformada: "[...] mas o mundo não o reconheceu" – e também aqueles em quem ele tinha confiado, que o haviam conhecido, têm dificuldades de reconhecê-lo. Os discípulos que estavam a caminho de Emaús acreditam que se trata de um estranho desconhecido; Maria Madalena acredita estar falando com o jardineiro, Tomé exige uma "prova física". Os discípulos o reconhecem quando ele parte o pão, Maria o reconhece pela voz, Tomé o reconhece pelas feridas[19]. No gesto de partir o pão, na voz, nas feridas, eles se encontram com seu amor – este é o distintivo de sua identidade. Apenas ela se revela como força mais forte do que a morte.

Aqueles dos quais ele havia falado em sua descrição do Juízo Final o encontraram (sem reconhecê-lo) quando demonstraram amor para com os "menores", os necessitados[20]. E quando o ressurreto encontra Pedro, ele lhe faz uma pergunta referente ao amor: "Tu me amas, tu me amas mais do que amas estes outros?"[21]

Se a cruz, cujas dores mais profundas se expressam na pergunta de Jesus, permanecesse sem resposta de Deus, isso seria absurdo.

---

18. Cf. Mc 9, 32.
19. Cf. Lc 24,15; Jo 20,15-16; 20,25.
20. Cf. Mt 25,40.
21. Cf. Jo 21,15-18.

Se não houvesse outras respostas às dores do mundo, à morte e às perguntas desesperadas, à sede insaciada de sentido senão aquelas que "este mundo" consegue dar, então este mundo e a vida nela também não teriam sentido, pois não podemos encontrar uma resposta satisfatória dentro de seus limites. No entanto, a resposta de Deus não é um "outro mundo", mas novamente Jesus. Nem mesmo em sua morte ele deixa de ser a palavra que Deus nos dirige.

No momento da morte, o próprio Jesus se transforma em pergunta. E a resposta de Deus é novamente Jesus, mas um Jesus oculto, desconhecido – um "peregrino estranho". Ele vem como estranho e peregrino, como alguém que não podemos deter em seu caminho para o Pai. "Não me segura", diz ele a Maria Madalena; e, em Emaús, ele desaparece da vista dos discípulos justamente naquele momento em que lhes revela sua identidade[22]. O Jesus familiar, o "Jesus segundo a carne", não está mais aqui.

Si comprehendis, non est Deus – se você acredita compreender algo, você pode ter certeza de que não se trata de Deus, escreveu Santo Agostinho. Isso vale também e especialmente para o Jesus ressurreto, para a surpresa do amor; se você acredita que não precisa procurá-lo e descobri-lo, você não o encontrará. Não foi à toa que o Apóstolo Paulo escolheu o altar do deus desconhecido no areópago de Atenas como local apropriado para sua pregação sobre a ressurreição[23].

E nós não o reconheceremos se não formos capazes de responder à pergunta que ele faz também a nós, que é ele mesmo, do fundo do nosso coração da mesma forma como Pedro a respondeu: "Senhor, tu sabes tudo; tu sabes que eu te amo" (Jo 21,17). Jesus não exige de seus discípulos teorias sobre sua ressurreição, mas que também eles sejam "ressurretos dentre os mortos" e que vivem já aqui e agora "como novos homens"[24] – e a novidade dessa vida con-

---

22. Cf. Jo 20,17 e Lc 24,31.
23. Cf. 2Cor 5,16.
24. Cf. Rm 6,4.

siste no amor, no estilo jesuânico de relacionar-se com os outros, com o mundo, com a vida e com Deus.

"Jesus é a resposta!" lemos nos cartazes de muitos carismáticos evangélicos. Sim, mas ele é a segunda resposta; apenas o Jesus que atravessou o silêncio da morte, aquele silêncio que foi a primeira resposta imediata à pergunta abaladora na cruz, pode se tornar uma resposta às perguntas daqueles que tocaram a escuridão da Sexta-feira Santa.

Em algum trecho de sua obra, C.G. Jung menciona que tribos nativas, "primitivas", que ainda vivem uma vida reconciliada com a natureza e com a natureza humana primordial, fazem uma distinção entre sonhos "pequenos" (particulares) e sonhos "grandes", relevantes para toda a tribo. Sempre entendi a cena de Nietzsche com o arauto da "morte de Deus" no livro *A gaia ciência*[25] como registro de um sonho – segundo a distinção acima mencionada de um sonho grande – que tem um significado profético para toda a nossa "tribo". Ao mesmo tempo, porém, eu sentia que a mensagem "Deus está morto" é apenas a primeira sentença, à qual precisam seguir outras sentenças, uma segunda sentença, como na Sexta-feira Santa, que foi uma declaração de Deus essencial dirigida a nós, mas uma declaração incompleta.

"Deus está morto!" – essa sentença, proclamada no final do século XIX, encantou todo o século seguinte. Talvez, porém, não tenha sido apenas uma sentença sobre Deus e contra Deus, talvez tenha contido também uma mensagem de Deus a nós. Um Deus que não atravessa a morte não está verdadeiramente vivo. Uma fé que não atravessa a Sexta-feira Santa não é capaz de alcançar a plenitude pascal. Crises de fé – tanto pessoais quanto crises de fé na

---

25. Cf. NIETZSCHE, F. *Die fröhliche Wissenschaft, Der tolle Mensch.*

história das culturas – são um elemento importante da história da fé, da nossa comunicação com Deus, que se esconde e que retorna para aqueles que não desistiram de esperar até que sua palavra única e eterna volte a se dirigir a eles.

No evangelho segundo São João, o próprio Jesus promete o "Consolador", o Espírito da verdade, que nos introduzirá a toda a verdade e nos lembrará de suas palavras[26]. E aquele chamado de abandonarmos a casa das velhas certezas não é uma declaração do Espírito? Não foi o próprio Espírito de Deus – o mesmo Espírito que levou Cristo para o deserto para que lá ele fosse tentado pelo diabo, como dizem as Escrituras – que nos levou a essa grande provação, à tentação de termos que viver sem Deus, de "matar Deus"? E não é este mesmo Espírito que nos oferece a segunda palavra redentora num momento em que tudo já parece estar perdido? "Hoje, quando ouvirdes sua voz", dizem as Escrituras, "não endureceis o vosso coração"[27].

É justamente na hora da provação que aquele que não recuou diante dela e não falhou ouve a outra palavra de Deus. Repito minha tese: Talvez Abraão tenha passado na prova não porque estivesse disposto a sacrificar seu filho, mas porque, nem mesmo na hora em que Deus se escondeu dele totalmente na incompreensibilidade, ele, no fundo de seu coração, não desistiu completamente da esperança de que Deus não o abandonaria na hora da provação, de que ele não se negaria a si mesmo e não se comportaria como um demônio sanguinário – e talvez tenha sido justamente por isso que ele conseguiu ouvir aquela segunda palavra decisiva de Deus. A esperança – por menos e mais incompreensível que seja – é aquela fenda pela qual

---

26. Cf. Jo 16,13.
27. Cf. Hb 3,7s. (Sl 95,8, resp.).

o "sussurro meigo e silencioso"[28] da mensagem de Deus consegue nos alcançar.

"Onde está Deus?", pergunta o ser humano louco de Nietzsche, que proclama as tempestades noturnas da insegurança total do tempo vindouro e que dá a resposta a si mesmo: "Nós o matamos!"[29]

Conheço momentos em que um ser humano está prestes a "terminar com Deus". Mas aquele que pretende matar Deus dentro de si mesmo não deveria perder o momento em que a própria mão é detida por Deus, assim como ele deteve o braço estendido de Abraão com a faca sacrificial. É justamente no momento da maior crise que aquele que não endureceu seu coração ouça talvez a segunda palavra decisiva e salvadora de Deus.

O ser humano não precisa temer crise alguma; ele deveria temer apenas a cegueira do desespero (segundo Kierkegaard, o desespero é a "doença para a morte), a perda da esperança – daquela esperança da presença daquele que possui as palavras da vida eterna, mesmo que, às vezes, realmente não seja fácil compreender e aceitar aquelas palavras. Se ele diz uma palavra, ele pode dizer também uma segunda.

Sim, Deus é a Palavra[30], e em sua palavra ele é singular; nesse sentido, não existe uma "segunda palavra divina". Mas se contemplarmos isso do nosso ponto de vista humano, vemos que existem muitas maneiras como essa palavra adentra a história e as histórias humanas. "Muitas vezes e de modos diversos Deus falou antigamente a nossos pais" (Hb 1,1), muitas vezes e de modos diversos Deus falou conosco, Deus fala conosco e falará com nossos filhos, porque a audição e a compreensão humana, a surdez e a falta de compreensão, momentos do despertar e do esclarecimento e momentos de insensibilidade e do sono, horas no Monte Tabor e horas no Getsêmani se penetram mutuamente de modo incessante e ininterrupto.

---

28. 1Rs 19,12.
29. Cf. NIETZSCHE, F. *Die fröhliche Wissenschaft*, p. 121.
30. Cf. Jo 1,1.

Mas Deus é paciente e criativo em sua comunicação. Três vezes ele teve que acordar o jovem Samuel para finalmente poder dizer a ele que quem o chamava não era um humano, mas o próprio Senhor. Quantas vezes cada um de nós – e, sim, talvez também a Igreja em certos momentos – dormiu ou não entendeu quando ele chamou?

Neste livro quero refletir sobre a resposta que Jesus deu à pergunta sobre o maior mandamento na lei. A resposta – quando a contemplarmos com o devido cuidado – é muito mais profunda e difícil do que sugere uma leitura superficial. Fizeram uma pergunta a Jesus sobre uma coisa, um mandamento, mas no fundo ele deu duas respostas, vinculando dois mandamentos um ao outro: o amor a Deus ao amor ao homem.

A religião daqueles que se entusiasmaram imediatamente após o primeiro mandamento e não esperaram o segundo mandamento tem gerado muito fanatismo ou ilusões delirantes sobre um Deus criado pelas projeções humanas dos medos e desejos. Apenas a segunda sentença, o mandamento verdadeiramente difícil do amor ao próximo, arraiga o amor e a fé na terra. Muitas vezes, Deus fala várias vezes, ele completa sua palavra una com uma segunda. Mas não quero me adiantar demais.

3

O amor tem prioridade sobre a fé?

Não consigo evitar o pensamento de que Deus não se interessa muito se acreditamos nele ou não. Mas ele se importa muito se nós o amamos ou não.

Mais especificamente: Não importa tanto crermos naquele sentido em que esse conceito costuma ser usado, ou seja, que acreditar em Deus significa ter certeza de sua existência. Não acredito que nossa salvação dependa de opiniões, concepções e convicções religiosas. Já Santo Tomás de Aquino afirmava que nós não sabemos o que significa "existir" no caso de Deus, pois Deus é diferente das coisas. Aquilo que realmente interessa a Deus e segundo o qual ele aparentemente nos julgará não são as nossas opiniões, mas o modo e a medida do nosso amor. Ele não se interessa por uma fé no sentido de "visões" ou opiniões, mas pela fé cuja essência está ligada ao amor. Uma fé sem amor não possui teor; esse tipo de fé é, muitas vezes, nada mais do que uma projeção de nossos desejos e medos, nesse ponto estão certos muitos críticos ateus da religião. Uma fé sem amor está morta, é como sal que se tornou insípido – "já não servirá para nada, apenas para ser jogado fora e pisado pelas pessoas" (Mt 5,13). "Também os demônios creem e tremem", dizem as Escrituras[31].

---

31. Cf. Tg 2,19.

Já nas primeiras sentenças de sua primeira encíclica, o Papa Bento XVI escreve: "no início do ser cristão, não há uma decisão ética ou uma grande ideia, mas o encontro com um acontecimento, com uma Pessoa"[32], no amor. E em outro trecho ele ressalta: O cristianismo não é um sistema ético ou um sistema de artigos de fé. Em outras palavras: O ser cristão é, segundo Bento XVI, uma "love story", uma história do amor. Tornar-se cristão não significa adotar determinada "visão do mundo", mas amar a Deus.

"Amarás o Senhor teu Deus de todo o coração, com toda a alma e com toda a mente!" responde Jesus à pergunta sobre qual seria o maior e mais importante mandamento da lei[33]. Mas como fazemos isso? Meu Deus, tu não podes me dar uma instrução concreta?

Na verdade, Deus não pode ser objeto do amor, porque Deus não é objeto; uma compreensão de Deus como objeto leva à idolatria. Eu não posso amar Deus da mesma maneira como eu amo um ser humano, como eu amo minha cidade, minha paróquia ou meu trabalho. Deus não é algo que está diante de mim, assim como também a luz não está diante de mim: Não consigo ver a luz, vejo apenas objetos na luz. De modo análogo, não posso ver Deus ou sequer imaginá-lo. Nem mesmo a fé nos "mostra" Deus ("Ninguém jamais viu a Deus", até mesmo a Bíblia afirma claramente[34]), por meio da fé só consigo ver o mundo "em Deus".

E também a afirmação "Deus é pessoa" expressa metaforicamente uma concepção humana de Deus. Essa metáfora (ou analogia, se quisermos usar a terminologia escolástica) pode até ser enganosa; muitas vezes, objeta-se justificadamente que se trata de uma

---

32. BENTO XVI. *Deus caritas est*, 2006.
33. Cf. Mc 12,28-34; Lc 10,25-28; Mt 22,34-40.
34. Cf. Jo 1,18.

expressão excessivamente antropomorfa. Durante séculos, a teologia cristã afirmava que Deus era uma pessoa, que o Deus cristão – ao contrário de todos os outros deuses – era um Deus pessoal. Parecia – e para muitos esta continua a ser a impressão ainda hoje – que a existência do cristianismo dependia desse conceito da divindade (i.e., da concepção de Deus como pessoa). Essa ênfase que o cristianismo põe no "Deus pessoal" era e é ainda em muitos casos a pedra de escândalo no diálogo das religiões: Os cristãos são tentados a considerar a compreensão impessoal do divino como uma "fase de desenvolvimento inferior" da religião, enquanto os representantes das espiritualidades orientais suspeitam que a concepção cristã de Deus como pessoa represente um antropomorfismo rude[35].

Os Pais da Igreja da Antiguidade emprestaram o conceito de "pessoa" do drama antigo, onde pessoa (*prosopon*, *persona*) significava "máscara", de modo que um ator que trocava as máscaras era capaz de assim mudar sua "identidade" e de representar pessoas diferentes, mesmo permanecendo o mesmo ser humano. Os teólogos da Antiguidade emprestaram essa noção como metáfora, porque ela permite aproximar-se do mistério da Trindade – um único Deus, que possui uma "identidade" tripla, que é "um em três pessoas". Alguns teólogos recorreram a outras metáforas: Agostinho preferiu os estados físicos da água ou as três faculdades da alma – a memória, o intelecto e a vontade; São Patrício explicou a Trindade aos irlandeses com a ajuda de um trevo de três folhas. Mas cada metáfora, cada símbolo, cada analogia é algo que, ao mesmo tempo em que revela determinado aspecto da realidade, também o oculta. Ai de nós se esquecermos que uma metáfora é "apenas" uma metáfora: em vez de penetrarmos as profundezas da teologia, afundamos na lama do fundamentalismo.

---

35. Devo acrescentar aqui a observação de que, na minha opinião, o cristianismo depende de outro conceito intimamente vinculado à concepção de Deus como pessoa: o conceito da Trindade. Surpreendentemente, porém, esse conceito tende a aprofundar o diálogo inter-religioso, como mostram Raimon Panikkar, Gavin D'Costa e outros.

A noção de Deus como pessoa inseriu o conceito "pessoa" no coração da cultura ocidental e fez dele talvez o conceito mais sublime da cultura ocidental. A noção do ser humano como pessoa é a base da filosofia dos direitos humanos; o que seriam hoje a ciência do direito, da sociologia, da politologia, da economia e de todas as "humanas" sem o princípio personalista, sem a abordagem ao ser humano como uma pessoa singular e inconfundível!

A afirmação metafórica "Deus é pessoa" é, porém, também uma afirmação importante sobre aquilo que Deus não é: não se trata de um "mero *Id*" amorfo e apenas objetivo. Em defesa do uso e da utilidade da metáfora da pessoa podemos citar também a experiência da oração, que impregna toda a história espiritual da humanidade, não só a história do cristianismo. Seria possível orar a um "princípio impessoal"?[36] Não podemos simplesmente "abolir" nem questionar a noção de Deus como pessoa sem tentar aprofundá-la: Deus é mais do que pessoa, Deus é pessoa de forma mais radical do que um ser humano o possa ser.

Mas é justamente aqui (como tantas vezes na teologia) que nos deparamos com os limites da língua e da imaginação humanas: Nós, seres humanos, não somos capazes de imaginar uma pessoa de modo fundamentalmente diferente de uma pessoa humana, de um indivíduo. Tentativas de descrever Deus como "sobre-pessoa", "sobre-razão", "sobre-ser" etc. são difusas demais para a maioria das pessoas, semelhante à expressão "Deus sobre Deus" de Eckhart e Tillich.

---

36. Estou pensando aqui na forma "clássica" da oração cristã como "conversa com Deus". Nas religiões que não conhecem um "Deus pessoal" – mas também em muitos místicos cristãos – trata-se mais de um aprofundamento contemplativo numa presença sagrada. Uma característica que a crise da "metáfora da pessoa" revela no cristianismo atual é a tendência de muitos cristãos a formas contemplativas da oração. Mas se conhecermos bem a tradição da espiritualidade cristã do misticismo, não precisamos definir essa tendência imediatamente como importação de "elementos pagãos" para o cristianismo, mesmo que, no caso de alguns cristãos, a inspiração das tradições místicas e contemplativas do Oriente exerçam certo papel (p. ex., o zen).

Essas afirmações tendem a dizer mais sobre os seres humanos do que sobre Deus: Dão a entender que o ser humano mostra quem Deus é; pois Deus criou o ser humano segundo a sua imagem. Já Nietzsche sabia que o ser humano é a ponte. Mas ele não é a ponte que leva para o sobre-homem, uma construção com a qual Nietzsche tentou preencher o espaço vazio após a morte de Deus. É antes a ponte para intuir Deus. Nessa ponte, porém, é necessário que avancemos com muito cuidado, pois ela atravessa o profundo abismo da diferença infinita[37].

Eu gostaria de resumir essas reflexões: No campo da teologia e da imaginação religiosa (contanto que um ser humano ocidental racional e sóbrio de hoje ainda ouse, após o descrédito causado por concepções religiosas, aventurar-se em alguma imaginação religiosa), muitos acreditam que o conceito "pessoa" oculte Deus mais do que o aproxime de nós. Semelhante ao conceito "pai" – emprestado do contexto do mundo antigo patriarcal –, ele parece ser mais um obstáculo que mais obstrui do que facilita o caminho para o "mistério absoluto". Mas seria possível amar um "mistério absoluto"?

As Escrituras vêm ao nosso socorro quando afirmam: "Deus é o amor". Certamente é difícil fazer do amor o próprio objeto do amor. Nós amamos a Deus quando amamos "em Deus", amamos nele as pessoas e o mundo, de forma semelhante ao modo em que vemos as pessoas e o mundo na luz. Deus ocorre mais no fato de amarmos e no modo de nosso amor do que sendo o "objeto" do nosso amor; ele é a "biosfera" de todo amor verdadeiro.

---

37. O IV Concílio do Latrão (1215) definiu um princípio metodológico importante do pensamento teológico: Qualquer analogia (semelhança) entre Deus e a criatura é superada por sua infinita dessemelhança (*"maior dissimilitudo in tanta similitudine"*). Isso garantiu definitivamente à "teologia negativa" um espaço no pensamento católico.

O que significa "amar em Deus"? Voltemos para a metáfora da luz: Quando vemos um objeto na luz, normalmente não nos conscientizamos da luz em si. É como no caso do ar: Nós só pensamos na luz quando sentimos sua falta. Mas a metáfora só vai até aqui: Quantas pessoas existem hoje que, numa civilização sem Deus, anseiam Deus como uma pessoa que está sufocando anseia o ar ou como aquele que, após ter perdido sua visão, anseia a luz? Será que aqueles que apagaram a luz da fé dentro de si ou jamais a acenderam têm uma noção daquilo que estão perdendo?

O que lhes falta de verdade? Existe uma diferença entre "amar em Deus" e simplesmente amar com "amor humano" sem um ponto de vista religioso? Se "Deus é amor", como dizem as Escrituras, então certamente podemos entender isso de tal forma como o ouvimos no canto litúrgico da Quinta-feira Santa: *Ubi caritas et amor, Deus ibi est* – Onde está o verdadeiro amor, está também Deus. Deus *ocorre* onde amamos. Juntamente com Santo Agostinho e muitos mestres da Igreja, podemos afirmar: Ele está presente, mesmo quando não o reconhecemos, não designamos.

Se, porém, formos realmente pessoas crentes – o que significa que contamos com Deus mesmo quando nós "não o vemos" e "não o reconhecemos", que estamos abertos para esse mistério do amor absoluto por meio da nossa fé – então o nosso amor pelas pessoas e pelo mundo é diferente do que quando o nosso mundo espiritual está fechado para esse mistério e se limita estritamente aos assuntos "intramundanos". Aquele que realmente "contar com Deus" de modo existencial é mais livre no amor: Seu amor pelo mundo e pelas pessoas está livre daquele medo e daquela convulsão que resulta quando nos agarramos ao mundo.

Quando o nosso mundo interno está aberto para aquela dimensão da realidade que transcende tudo aquilo que conhecemos e podemos conhecer, que designamos e podemos designar, quando ela se refere ao que "olho nenhum viu, ouvido nenhum ouviu" e ao que "desde a Antiguidade não se ouviu"[38], então essa fé permite ao ser humano uma visão desimpedida do alto e uma distância importante em relação às coisas. Essa distância, porém, se expressa no amor não por meio de frieza, mas por meio de uma autenticidade maior.

Essa distância não é uma distância em relação àqueles que amamos, mas uma distância em relação ao nosso egoísmo, que pode nos levar a querer amarrar e possuir num relacionamento aqueles que amamos. A diferença entre esses modos do amor corresponde, acredito eu, àquela distinção apresentada pelo filósofo Gabriel Marcel quando falou do amor possessivo (*l'amour possessif*) e do amor de entrega altruísta (*l'amour oblatif*); do amor que se apodera e do amor que se entrega.

Espero que, depois de tudo que disse, eu não seja suspeito de considerar o amor altruísta um monopólio, um direito exclusivo dos cristãos crentes (no sentido "daqueles que vão para a Igreja") e de querer alegar que todos os outros só seriam capazes de praticar o tipo de amor possessivo que, no fundo, não é amor verdadeiro. Isso seria uma alegação ingênua e arrogante, que estouraria como uma bolha de sabão a cada encontro mais profundo com a realidade da vida. Antes parece-me que só conseguiremos discernir quem é um "ser humano de Deus" e quem é um "filho deste mundo" quando conseguirmos distinguir esses dois tipos de amor. Essa distinção, porém, é tarefa exclusiva de Deus. A nenhum outro cabe essa classificação de seres humanos (em relação a essa única diferença essencial entre as pessoas). "Não julgueis", diz Jesus.

Quando usamos a palavra "cristianismo", nossa faculdade intelectual atribui esse conceito imediatamente a um rótulo cultural já pronto: religião, fé. A afirmação segundo a qual o cristianismo não

---

38. Cf. 1Cor 2,9; Is 64,3.

trata primariamente da fé em Deus, mas do amor – do amor a Deus (e ao próximo) pode, por isso, surpreender alguns. No Novo Testamento, a palavra "fé" ocorre com uma frequência maior do que a palavra "amor", mas no Novo Testamento fé não significa "acreditar na existência de Deus", mas "acreditar no amor de Deus"[39]. Cristão se torna não aquele que acredita que "Deus existe", mas aquele que começou a crer que Deus é o amor.

Em que sentido o amor tem "prioridade" sobre a fé no cristianismo? Será que, com essa pergunta, não reavivamos a antiga disputa sobe a prioridade da fé sobre os atos? Creio que não. Pois essa disputa realmente pertence ao passado.

O leitor familiarizado com o Novo Testamento deve saber que a polêmica paulina contra as "obras"[40] se volta não contra as obras do amor, mas contra a confiança exclusiva no significado salvador das "obras da lei". Paulo se volta aqui contra uma concepção ritualista e legalista da religião. Quando a Epístola de São Tiago ressalta que uma "fé sem obras é morta"[41], isso não é uma refutação da concepção paulina da fé; mas, no máximo, de uma interpretação equivocada desta ou de sua banalização. Hoje diríamos: Tiago se volta contra a redução da fé a um fideísmo sem conteúdo[42] ou a uma mera "convicção teórica", ou até mesmo a uma mera ideologia. Se existe algo que realmente pode prejudicar o cristianismo (e em sua história ele foi prejudicado muitas vezes por causa disso), é quando confundimos a fé com ideologia.

Surge aqui, porém, uma objeção que precisamos levar a sério: Não diz o primeiro mandamento do Decálogo que devemos crer em um Deus?[43] Minha resposta é: Sim. Mas Jesus reinterpreta os Dez

---

39. Cf. 1Jo 16b.
40. Cf. Rm 3,27s.
41. Cf. Tg 2,17.
42. I.e., a compreensão exclusiva da fé como ato de confiança (emocional).
43. Esta é, porém, a formulação da "Tradição catequética"; a passagem bíblica que serve como fundamento do "primeiro mandamento do Decálogo" diz: "Eu

Mandamentos e aprofunda o sentido de cada mandamento. Ele o faz com uma admirável liberdade divina: "Ouvistes o que foi dito aos antigos [...]. Pois eu vos digo..." As palavras do quinto mandamento, "Não matarás", se referem não só aos atos externos, mas alcançam o coração e os sentimentos: Não devemos nutrir ódio, raiva, intenções de vingança ou retaliação em nosso coração. "Não adulterarás" diz respeito não só à infidelidade praticada: Devemos expulsar do nosso coração e dos nossos olhos o espírito que cobiça, devemos ver a mulher como pessoa humana, não como mero objeto dos nossos desejos sexuais.

De modo semelhante Jesus reinterpreta também o primeiro mandamento. Quando lhe fazem a pergunta sobre o primeiro e maior mandamento da lei mosaica, ele aprofunda e interioriza esse mandamento. Crer em Deus e louvar a Deus verdadeiramente significa amá-lo. Por isso, já a Bíblia Hebraica sabe que a fé e o amor verdadeiros não residem apenas na cabeça e na boca, mas no ser humano inteiro: todo o coração, toda a alma, todas as forças: "Ouve, Israel! Javé, teu Deus, Javé é único. Amarás o Senhor teu Deus com todo o coração e, com toda a alma, com todas as forças" (Dt 6,4s.). Esse "adendo ao Decálogo" é a oração confessional central de Israel, tanto no sentido comunal, sinagogal, quanto pessoal. No entanto, a "inovação" principal e o elemento específico da resposta de Jesus à pergunta pelo primeiro e mais importante mandamento consistem

---

sou o Senhor teu Deus, que te libertou do Egito, lugar de escravidão. Não terás outros deuses além de mim" (Ex 20,2s.). A passagem paralela no Deuteronômio apresenta ainda um "comentário" de Moisés sobre os Dez Mandamentos: "Ouve, Israel! O Senhor nosso Deus é o único Senhor. Amarás o Senhor teu Deus com todo o coração e, com toda a alma, com todas as forças" (Dt 6,4s.). – E é justamente essa a passagem que Jesus cita, em sua versão mais completa em São Marcos (Mc 12,29s.): "Ouve, Israel, o Senhor nosso Deus é o único Senhor, e amarás o Senhor teu Deus de todo o coração, com toda a alma, com toda a mente e com todas as forças". As passagens paralelas da resposta de Jesus nos outros dois sinóticos (Mt 22,34-40; Lc 10,25-28) apresentam pequenas alterações; o texto original grego em Mateus começa com a palavra "amar", e Lucas coloca a resposta na boca daqueles que perguntam; em todos os casos, porém, Jesus completa o mandamento com o mandamento do amor ao próximo.

no vínculo inseparável entre amor a Deus e amor ao próximo[44]. É justamente esse vínculo que representa a "chave hermenêutica" de Jesus ao sentido de toda a Bíblia Hebraica: "Destes dois mandamentos dependem toda a Lei e os Profetas" (Mt 22,40).

Certa vez, eu confessei que me sinto mais um "teófilo" do que um teólogo, se a teologia é entendida como "ciência de Deus" no sentido das ciências modernas. Um teófilo se distingue de um teólogo desse tipo como um filósofo se distingue de um sofista: Ele sabe que pouco sabe sobre Deus, mesmo assim, ele o ama. E também a filosofia começa com a declaração atribuída a Sócrates segundo a qual ela sabe que ela não sabe.

Certa vez, quando estudava os entediantes tratados neotomistas sobre as qualidades divinas, tive a impressão nítida de que seus autores não sabiam que nada sabiam: Meu "eu não sei" – que eu assumo – certamente se deve à reação ao racionalismo exagerado de determinadas correntes teológicas e ao sentimentalismo exageradamente superficial de determinadas escolas da piedade; tenho certeza de que um humilde "eu não sei" dá mais espaço a Deus do que os dois extremos infelizes que se arraigaram na Igreja Católica, principalmente no século XIX.

No entanto, Santo Agostinho pergunta a todos os "teófilos" (portanto, também a si mesmo): Como posso amar algo que não conheço? E como eco, essa pergunta se faz ouvir numa segunda pergunta: Como poderia reconhecer algo que eu não amasse?

Assim, Agostinho insere o círculo hermenêutico platônico, a dependência mútua de conhecimento e amor, nos fundamentos do pensamento filosófico-teológico cristão e o aprofunda: Não posso

---

44. Em sua resposta, Jesus estabelece um vínculo entre duas passagens da Bíblia Hebraica ("do Antigo Testamento"): Dt 6,4s. e Lv 19,18, deixando claro que estas não podem ser contempladas independentemente da outra.

amar o que não conheço, e não posso conhecer realmente o que não amo. Amor sem conhecimento não é amor verdadeiro, e conhecimento sem amor não é conhecimento verdadeiro. A fé também exige conhecimento, reflexão intelectual – *fides quaerens intellectum* –, mas fé e conhecimento precisam do amor e o têm como sua precondição. Eles se realizam e alcançam a plenitude apenas no amor.

O conhecimento platônico pressupõe a paixão, o eros, que se inflama ao vislumbrar a beleza (inicialmente a beleza do corpo) e que, como numa escada de caracol, avança até alcançar a ideia do bem. Essa paixão não é completamente estranha à natureza norte--africana de Santo Agostinho. (Agradeço aqui ao Papa Bento por sua observação explícita de que também o amor cristão não é meramente uma ágape espiritualizada, de que também o amor cristão jamais pode renunciar ao eros[45]. Eros sem ágape se transformaria em mera questão de pulsões, ágape sem eros se transformaria em uma abstração idealista sem vida.)

Tomás de Aquino afirmava que o amor a Deus tem prioridade sobre o conhecimento de Deus, pois o conhecimento não compreende Deus como ele é em si mesmo, mas apenas sua imagem no ser humano; o amor se volta diretamente para Deus[46]. Essa é uma distinção muito fina, expressão típica da genialidade de Tomás. Essa distinção, porém, provém da antropologia teológica de Tomás, segundo a qual o amor é um ato da vontade, enquanto o conhecimento é fruto da razão.

Em Agostinho, a vontade, o amor e o conhecimento confluem. Ele, porém, introduz ainda outra distinção, a distinção entre amor verdadeiro e desejo (*concuspiscentia*). (O conceito de Marcel acima mencionado do amor oblativo e do amor possessivo lembra essa distinção de Agostinho.) "No *desejo* o amante doa o ser ao amado em prol do amante, enquanto no *bem-querer* o amante doa o ser ao

---

45. Cf. BENTO XVI. *Deus caritas est*, cap. 7.
46. Cf. TOMÁS DE AQUINO. *Summa Theologica* I, q. 82, artigo 3.

amado em prol do amado, razão pela qual o amante se empenha e se sacrifica para preservar e multiplicar o ser do amado. Como reconhecemos sem dificuldade, apenas o bem-querer é o amor plenamente realizado"[47].

Essa diferenciação, acrescenta J.B. Lotz em seu comentário sobre a noção patrística e escolástica do amor, diz respeito também ao amor a Deus: "No *desejo* o ser humano anseia Deus e a união com ele para seu próprio bem, para que ele, por meio de Deus, possa alcançar sua própria plenitude. [...] No *bem-querer*, porém, o ser humano orienta seu amor completamente por Deus, querendo que Deus seja plenamente Deus e seja reconhecido como Deus. A isso corresponde a *entrega plena* do ser humano a Deus, já livre de quaisquer reservas". Nem mesmo essa entrega está livre do anseio (do desejo), mas é um anseio amadurecido e profundo, purificado do querer egocêntrico. "Numa correlação mais íntima vale: Quanto mais o ser humano se entrega a Deus, mais rico e mais profundo ele se vê a si mesmo. Quem oferece tudo a Deus, recebe tudo de Deus"[48].

Tomás de Aquino fala da *dilectio naturalis*, de uma orientação natural, mesmo que inconsciente por Deus, pela origem e última meta de todo ser, que está contida implicitamente (de forma oculta) em todo ato do amor humano; por isso, o amor egocêntrico (em Agostinho, o amor egoísta, *"amor sui"*) é um amor perverso. O amor é, em sua essência, transcendência, transposição própria – é uma libertação da prisão na qual o ser humano está amarrado a si mesmo (*incurvatus in se ipsum*, curvado em direção a si mesmo) –, por isso, cada passo no caminho do amor verdadeiro é um passo em direção àquele que é a transcendência absoluta (o totalmente outro), ao mesmo tempo, porém, também àquele que está mais profundamente dentro de nós do que o nosso próprio eu.

---

47. LOTZ, J.B. *Allein die Liebe macht sehend*. Leipzig, 1988, p. 87.
48. Ibid., p. 89.

Essa orientação está tão profunda e originalmente arraigada no ser humano que ela antecede a qualquer "conhecimento de Deus" no sentido do conhecimento racional e da confissão explícita; a vida humana é inserida nesse movimento do amor muito antes de sequer conseguir dizer a palavra "Deus" e formar qualquer tipo de "convicção religiosa". A teologia sempre soube que essa convicção sempre é limitada. Basta lembrar aqui a declaração já citada de Tomás, segundo a qual o conhecimento da razão não consegue alcançar Deus como ele é, mas apenas sua imagem humana.

Podemos deduzir mais uma conclusão de tudo que temos dito acima: Concepções e convicções religiosas que se desenvolvem no ser humano sem o contato com essa experiência primordial existencial do amor (e, evidentemente, sem contato com qualquer outra experiência de amor verdadeiro), não são apenas secas, sem vida e ilusórias, mas costumam ser também portadoras de algo revesso. Elas costumam exalar o cheiro daquela prisão na qual o ser humano sem amor permanece *incurvatus in se ipsum*. Uma religião com esse fundamento não é apenas uma mera projeção do ser humano, mas justamente a projeção de sua falta de amor: daí provêm, evidentemente, aquelas imagens de um Deus severo e vingativo que curvaram tantas almas pias, que levaram tantas pessoas para os braços do ateísmo e que são responsáveis pelo sangue derramado em guerras religiosas e atos terroristas. Em relação àquilo que produz a religião daqueles que se fecharam para o amor vale certamente a afirmação de C.S. Lewis, cuja verdade me convenceu muitas vezes: De todas as pessoas más, as pessoas religiosas más são as piores.

A afirmação segundo a qual a religião melhora as pessoas boas e piora as pessoas ruins vale certamente apenas com exceções, pois existem muitas pessoas ruins que se converteram e mudaram sua vida sob a influência da fé. Existe, porém, um núcleo de verdade nessa afirmação: Quando pessoas sem um coração verdadeiramente puro lidam com a religião, elas se entregam muitas vezes à tentação de transformar a religião em um instrumento de suas intenções desonestas e de abusar dela para justificar seus atos maus. Apenas quando o ser humano luta contra seus próprios pecados, fraquezas e tendências negativas, ele pode ter a certeza de que ele trava "batalhas em nome do Senhor". Todas as outras "guerras santas" são apenas "humanas, demasiadamente humanas" – e, muitas vezes, desumanas! Quando o homem se autodeclara "guerreiro de Deus", ele se torna cúmplice do inimigo primordial de Deus. Quando um ser humano cheio de ódio estiliza as expressões de seu ódio como "guerra santa" e as declara parte da luta cósmica entre o bem e o mal, ele destrói as pontes para a reconciliação e uma comunicação sensata.

Se o tão lamentado "fim das religiões" significa o desaparecimento desse tipo de religiões não há razão para tristeza; se o tão citado "retorno da religião" significa o retorno desse tipo de religiões, temos razões para temê-lo.

O representante importante da teologia filosófica pós-moderna norte-americana John Caputo dedicou à pergunta de Agostinho: "O que eu amo quando amo meu Deus" e a pergunta pela relação entre amor e fé, entre amor e Deus, um livro provocante e instigante[49]. Agostinho e a teologia medieval estão certos quando afirmam que o ser humano já está a caminho de Deus quando ele ama algo, qualquer coisa, verdadeiramente, mesmo sem saber que Deus é o amor? Ou será que a Modernidade (a começar com Feuerbach) está certa quando afirma que Deus é apenas um pseudônimo religioso para o amor? Deus é o amor, ou o amor é Deus?

Teólogos pré-modernos "desmascararam" o amor para que Deus pudesse ser revelado como seu objetivo e sua fonte ocultos; pensadores modernos "desmascararam" Deus como metáfora, como uma entre muitas palavras que, na verdade, designam o

---

49. CAPUTO, J. *On Religion* (Thinking in Action). Londres/Nova York, 2001.

amor humano, terreno. Caputo opta por um terceiro caminho, um caminho pós-moderno[50]. Este não pretende desmascarar nada e ninguém, ele não deseja nem pretende revelar a "realidade real" (*Really Real*), tampouco pretende desmascarar os dois caminhos anteriores para oferecer uma síntese salvadora. Ele confessa não saber como é "na realidade" – mas essa confissão não o leva nem ao pânico nem ao caos. Ele lembra as duas sentenças de Agostinho – *inquietum est cor nostrum* (inquieto está nosso coração) e *quaestio mihi factus sum* (eu mesmo tornei-me pergunta para mim mesmo). Caputo acredita que é justamente a indecisão que é o lugar apropriado para a fé, aquilo que transforma a fé em fé em distinção ao "conhecimento" (*gnosis*).

E também eu confesso novamente ser seguidor do humilde "nós não sabemos". Mas será que a alegação segundo a qual o amor antecede à certeza da fé (da fé no sentido de "conhecimento religioso") pode ser mantida? O amor a Deus não pressupõe de antemão a convicção clara e firme de sua existência? Eu respondo a essa objeção aparentemente lógica: É apenas na experiência do amor que se abre um espaço em que podemos vislumbrar o sentido da palavra "Deus". "Quem não ama não conheceu a Deus", afirma a Primeira Epístola de São João[51].

Aquele que deseja falar sobre Deus deveria primeiro olhar para seu próprio coração para ver se há amor suficiente nele – ou, pelo menos, o anseio de amor, a disposição de aprender a amar.

---

50. Ibid., p. 126-131.
51. 1Jo 4,8.

4
O Deus distante

A tarefa do teólogo – e não importa quando – é mostrar que a concepção cristã de Deus consiste na relação entre transcendência e imanência, na relação entre a natureza oculta, a alteridade e distância e a proximidade incrível de Deus. A experiência de um tempo em que Deus não parece estar presente oferece oportunidades sensacionais para a demonstração do *primeiro* dos dois polos. Ao mesmo tempo, porém, ela representa um grande desafio de descobrir de forma nova e ainda mais radical a proximidade de Deus (e desmascarar a "proximidade falsa", ou seja, a "proximidade dos deuses falsos").

Tudo indica que a *primeira* palavra com a qual Deus fala (ou melhor: se cala, pois também o silêncio é uma forma significativa de comunicação) àqueles que perguntam por ele consiste na ausência de Deus, no fato de que ele se oculta. Por isso, não surpreende que muitos perdem a paciência enquanto esperam pela segunda palavra e se tornam ateus ou agnósticos, pois vivemos numa cultura da impaciência.

Jesus coloca um mandamento no centro de sua proclamação. E eu acredito firmemente que o mandamento de "amar a Deus com todo coração, com toda alma e com toda a tua força e todos os teus pensamentos e ao teu próximo como a ti mesmo!" – e especialmente a *segunda* parte, a ênfase no amor ao próximo – nos mostra o caminho em que podemos ouvir a *segunda* palavra, em que podemos descobrir também a "outra face", a imanência de Deus.

Descobrir a proximidade divina de Deus – ou mesmo perguntar por ela – pressupõe, porém, que estejamos dispostos a sentir e refletir com toda a seriedade e na profundeza a sua ausência, a sua distância na nossa própria pele. Sem essa experiência – um fruto de anos duros – poderíamos facilmente confundir o Deus da fé cristã com um daqueles ídolos banais que lotam as vitrines e as bancas de vendedores religiosos.

Se quisermos identificar a característica da experiência religiosa do ser humano na Modernidade tardia, é provável que chegaremos à experiência do Deus oculto, do Deus que não representa uma realidade evidente. A teologia se viu obrigada (inicialmente com resistências consideráveis) a abrir mão da concepção de um Deus que é *próximo demais*, que se encontra nos bastidores imediatos da natureza e da história. A biologia evolucionista destruiu a credibilidade da concepção de Deus como causa mecânica *imediata* da história, que nós chamamos de mundo e vida. A ciência da religião, a ciência da história e a ciência da literatura refutaram a imagem de um Deus que conduzia de modo *imediato* a mão dos autores sagrados dos textos bíblicos. A experiência das tragédias da história mais recente abalou a confiança num Deus que dirige de modo *imediato* a orquestra da sociedade humana e que expulsaria imediatamente aqueles músicos que perturbam a harmonia da história. A psicologia e a neurologia descobriram o mundo das influências inconscientes e até então desconhecidas que exercem sua influência sobre a consciência do ser humano (portanto, também, sobre suas concepções religiosas), questionando assim a concepção de um Deus que age de modo *imediato* "na alma" do ser humano. A sociologia revelou que todas as nossas concepções, inclusive as religiosas, não são infundidas do alto de modo *imediato* em nossa consciência, mas que elas refletem também inúmeros traços da sociedade e do momento histórico em que vivemos. A filosofia analítica nos lembra de que não podemos compreender de modo *imediato* o sentido de qualquer afirmação, inclusive das afirmações religiosas, i.e., sem o contexto do "jogo linguístico" em que determinada afirmação está inserida e sem levar em consideração as "circunstâncias da vida" das quais ela resulta.

Se Deus existe, ele se encontra num lugar *mais profundo* do que acreditavam as gerações passadas; se ele é a "primeira causa" de tudo, então somos obrigados a constatar que é mais difícil constatá-lo e "demonstrá-lo" do que acreditavam aqueles que ainda não sabiam o bastante sobre a selva impenetrável daquelas "causas secundárias" que, juntamente com a natureza, impulsionam o ser humano e a história. Precisamos procurar Deus com mais esforço em profundezas maiores, já que sabemos que ele não pode ser encontrado no escritório do diretor daquele teatro que chamamos de "mundo". As descobertas representadas pelas conquistas do século passado abalaram, compreensivelmente, os sistemas rígidos das concepções religiosas (como também quase todos os outros sistemas rígidos). Tenho, porém, certeza de que *essa situação é uma bênção para a fé*, um tempo favorável e apropriado (*kairós*). Pois assim a fé se torna novamente *um ato livre*, uma escolha que não pode ser coagida, mas uma escolha pessoal corajosa.

Falando nisso: Nem os abalos das certezas da fé nem a necessidade de fazer uma escolha são algo totalmente novo na história do cristianismo. É provável que isso tenha ocorrido sempre que a fé se viu inserida num novo contexto cultural. Encontramos um exemplo disso em Pascal. No momento em que a Modernidade começou a vencer contra o mundo ordenado das catedrais góticas do conhecimento, ele afirma que a fé é uma escolha, uma "aposta", pois "*há luz suficiente para aqueles que desejam de todo coração vislumbrar a Deus e escuridão o suficiente para aqueles que nutrem o desejo oposto"*[52].

A meu ver, o conhecimento científico, especialmente nas áreas que acabo de mencionar, não é nocivo à fé. Pelo contrário: eu o considero um aliado necessário da teologia para livrar a fé de um fundamentalismo primitivo. Se levarmos a ciência a sério e não a confundirmos com uma ideologia (nem mesmo com a ideologia do cientificismo – minha objeção principal a Dawkins e o "novo ateísmo"), ela nos ajuda a mostrar que os modos teísta e ateísta de interpretar o mundo e os conhecimentos científicos representam duas possibilidades que se oferecem à nossa escolha livre. Se forem sinceros, nem os religiosos nem os ateus poderão se esconder por trás da ciência, usá-la como álibi e assim se esquivar da responsabilidade de sua escolha e seus riscos. Nem ateus nem religiosos (contanto que não se trate de fanáticos nem de um nem de outro lado) têm motivos para acusar-se mutuamente como inimigos teimosos da verdade.

No Concílio Vaticano II, a Igreja Católica reconheceu que a imagem cristã tradicional referente ao ateu, que o descreve como ser humano com um défice intelectual ou moral, não pode ser mantida. Pois o mundo é ambivalente, cheio de paradoxos. Quando o ateu opta por uma das possíveis variantes para a interpretação do mundo, ou seja, quando ele percebe a vida e o mundo como história sem Deus, *etsi Deus non daretur*, ele pode ter toda uma série de razões para sua escolha. E sua escolha pode, pelo menos sob o ponto de vista subjetivo, ter sido feita com honestidade. Certamente cristãos que não vivem num gueto mental ou cultural, conhecem pessoas

52. PASCAL, B. *Pensées sur la religion et sur quelques autres sujets*, 1657-1658; p. 96, X. A ênfase que Pascal dá à fé como escolha livre me parece mais profunda e simpática do que o famoso "argumento da aposta", que enfraquece um pouco a referência de Pascal à coragem da fé.

honestas e intelectualmente sinceras que não são explicitamente religiosas. Portanto, não é viável que, ainda hoje, cristãos demonizem todos os ateus, como acontecia com frequência em tempos em que eles os temiam.

Eu nasci num país e num tempo em que o ateísmo era visto como "normal". No início, um ateísmo para as massas, não questionado e conformista era a obrigação política imposta por um regime totalitário, que depois se transformou em hábito cultural; por isso, ser um cristão convicto nessa zona geográfico-cultural significa ainda hoje comportar-se de forma não conformista e não seguir as massas. Nem a queda do antigo regime ateísta com seu controle policial sobre a conformidade da alma nem o retorno da liberdade espiritual mudaram isso num nível fundamental.

No entanto, por trás da confissão conformista "eu sou ateu", esconde-se hoje – como no passado – uma grande variedade de posições. Uma ausência total de qualquer religiosidade, uma certeza absoluta da fé na não existência de Deus, é muito rara. Se deixarmos de lado as diversas pseudorreligiões – como superstição, esoterismo, magia e cultos de ídolos novos e antigos, conseguimos identificar por trás do ateísmo declarado uma mistura de agnosticismo, apatia (o desinteresse em "assuntos religiosos", que, às vezes, está ligado a uma alergia à Igreja ou, mais provavelmente, à própria concepção de Igreja e piedade eclesiástica) e um culto do deus *próprio* propagado como a coisa mais natural[53].

Também o pensador judaico Pinchas Lapide acredita que, neste mundo, existam muito menos "a-teus" no sentido verdadeiro da palavra do que geralmente supomos, pois o rótulo do ateísmo é usa-

---

53. "Não acredito no 'Deus da Igreja', tenho meu próprio Deus". Ouço muito afirmações desse tipo de pessoas do meu convívio. Por isso, eu me pergunto: Que tipo de concepções de um "Deus da Igreja" está por trás dessas ideias, e de onde vem – i.e., qual é sua origem nessa pessoa? Uma análise excelente dessa busca pelo Deus próprio é oferecida pelos estudos sociológicos de Ulrich Beck (*Der eigene Gott* – Von der Friedensfähigkeit und dem Gewaltpotential der Religionen. Frankfurt am Main, 2008).

do por basicamente três grupos de pessoas que, na verdade, não têm o direito a ele – independentemente de eles se autodesignarem ou serem designados por outros como ateus[54]. O primeiro grupo representa os anticlericalistas, "que estão furiosos com os chamados administradores de Deus e que, no fundo, culpam Deus por tudo que seus funcionários terrestres fizeram de errado". O segundo grupo é formado pelos pseudoateus, que "estão decepcionados com o deus-anão que lhes foi imposto em casa ou na escola, porque ele nada tem a ver com o sofrimento espiritual que tortura o seu coração". O terceiro grupo é, segundo Lapide, uma "especialidade judia": Esse grupo é composto de antiteístas, que lutam com Deus como Jó (porque se recusam a lhe perdoar o mal no mundo) ou como Jacó, que, em sua luta com Deus, conquistou seu novo nome Israel. Segundo Lapide, estes também não seu a-teus, pois o "ateísmo é uma postura que boceja na cara de Deus".

O ateísmo autêntico é, portanto, segundo Lapide, aquilo que eu chamo de "apateísmo", a apatia em relação a Deus. Aplicando isso às experiências intrapessoais, poderíamos afirmar que o verdadeiro oposto do amor não é o ódio (pois, muitas vezes, este é expressão de um sentimento ambivalente, para o qual a língua alemã criou a palavra *Hassliebe*, amor-ódio), mas a indiferença ou o amor revesso.

Muitos daqueles que são chamados ou se chamam ateus podem tornar-se aliados da pessoa crente em seu caminho do aprofundamento da fé. Os "ateus científicos", que, muitas vezes, se distanciam apenas de uma caricatura fundamentalista da fé, podem ser nossos aliados na descoberta da transcendência de Deus. Esses ateus se distinguem da fé cristã como eu a entendo (especialmente do ponto de vista de uma teologia negativa mística) principalmente no fato de desistirem cedo demais do mistério da natureza oculta do divino – este é o único ponto em que eu os critico: eles tiram conclu-

---

54. Cf. FRANKL, V.E. & LAPIDE, P. *Gottsuche und Sinnfrage* – Ein Gespräch. Gütersloh, 2005, p. 55s.

sões precipitadas da "inalcançabilidade de Deus". Em certo sentido, eles se parecem, nesse ponto, com os fundamentalistas religiosos. Pois estes também não se apercebem daquela maravilhosa música mística do silêncio divino; sua fé é infantil e temerosa demais, de modo que têm medo de entregar-se paciente e contemplativamente à profundeza do silêncio de Deus, preferindo repetir aos gritos suas fórmulas decoradas. Assim eles calam suas dúvidas e seus medo (a falta de confiança, a ausência de uma fé amadurecida) e a voz tão silenciosa de Deus.

Os humanistas seculares, por sua vez, podem se tornar nossos companheiros de viagem no caminho para a *imanência* de Deus. Eles sentem que existe no ser humano algo "divino"; mas, muitas vezes, eles aderem a uma nova variante da adoração gnóstica à "divindade homem"[55]. A fé cristã, porém, nos obriga a resistir a qualquer idolatria, inclusive à deificação do ser humano e da existência humana – o cristão preza a existência humana e todo ser humano como *imagem de Deus*, mas nós nos curvamos apenas diante do original, do próprio Deus. A grandeza do ser humano *aponta* o cristão *para Deus*. Mas quando o ser humano aponta apenas para si mesmo como centro e sentido último de tudo, ou seja, quando ele pretende ocupar o lugar de Deus, ele revela sua vulnerabilidade e sua nudez (como Adão no paraíso).

Sugiro, porém, que reflitamos um pouco mais sobre a experiência espiritual da distância de Deus, da transcendência. A Palavra de Deus a nós representava e representa um grande abalo para a pessoa religiosa. No último longo capítulo da história do espírito ocidental na Modernidade, Deus expôs a forma tradicional da religião cristã a

---

55. Essa temática é desdobrada no capítulo seguinte, no contexto do "Pai" do humanismo ateísta Ludwig Feuerbach.

uma grande insegurança, e esta não encontrou uma designação mais radical do que a famosa sentença de Nietzsche: "Deus está morto". Seu significado me convence profundamente – por isso, retornarei para esse pensamento em diversos contextos neste livro.

Para muitos cristãos, essa declaração (semelhante à "escuridão de Deus") é, compreensivelmente, sombria, incompreensível e absurda, tão absurda quanto a ordem de matar seu filho deve ter parecido a Abraão. Os cristãos tiveram dificuldades de decifrar e aceitar o convite de Deus representado pelos abalos religiosos da Modernidade. Quantos houve que realmente escalaram o Monte Moriá e encontraram a coragem de sacrificar as suas antigas seguranças e certezas religiosas – e que, ao mesmo tempo, não desistiram da *esperança* de que Deus não os abandonaria nem mesmo no momento mais sombrio e intransparente da crise, que eles não teriam que retornar sozinhos e cheios de luto?

Certamente, muitos supuseram que eles precisavam se libertar de Deus; estavam dispostos a matá-lo dentro de si. E muitos o fizeram, o fazem neste momento ou pretendem fazê-lo. Mas o fato de terem sido convidados a abandonar suas certezas não foi uma tentação do diabo (como acreditam muitos que não ouviram ou que ignoraram a palavra "Sai da tua terra, da casa de teu pai"), mas parte de um teste. (No fim das contas, a tentação do diabo pode ser elemento da pedagogia divina, como revelam o Livro de Jó ou a narrativa sobre o jejum de Jesus no deserto: O Espírito o levou para o deserto, para que lá ele fosse tentado pelo diabo![56]) Eu, porém, tenho certeza de que aqueles que enfrentaram essa prova e passaram podem até ter perdido muitas certezas, convicções e ilusões religiosas, mas que não perderam Deus em si; eles tiveram apenas que descobrir que *Deus reside numa profundeza maior* do que eles acreditaram até então e do que havia sido ensinado a eles – e que a fé precisa avançar "para a profundeza" – mais do que havia sido o caso anteriormente. E não

---

56. Cf. Mt 4,1.

é justamente essa a mensagem incessante dos grandes místicos cristãos de todos os tempos, especialmente dos dois santos do Carmelo, João da Cruz e Teresa d'Ávila?

Nas obras dos místicos encontramos chaves valiosas para a compreensão das horas da "escuridão de Deus", da "morte de Deus", da "noite escura" – e não importa se precisamos vivenciá-las na nossa história da fé pessoal ou na história da nossa cultura. Os místicos sofreram essas horas em seu processo de amadurecimento. Por isso, consigo entender por que René Girard designa Nietzsche (para muitos certamente uma provocação) como "maior teólogo moderno desde o Apóstolo Paulo"[57]. Eu concordo com ele; acrescentaria apenas: desde o Mestre Eckhart.

O Mestre Eckhart empresta das epístolas do Apóstolo Paulo a distinção entre "homem interior" e "homem exterior" e a desdobra ainda mais: O homem exterior possui um "Deus exterior", o homem interior conhece o Deus interior, o "Deus sobre Deus" – ou seja, aquela profundeza da divindade, que transcende infinitamente as concepções, teorias e fantasias pias de uma religiosidade superficial.

Quando a alienação no ser humano entre seu ser exterior e interior subsiste por muito tempo (e é nisso que consiste a interpretação do "pecado original" de Eckhart), o acesso ao Deus interior permanece velado pelo véu do esquecimento. O homem interior está preso na rede das dependências de muitas coisas externas, ele é um escravo do mundo, um escravo de muitos "algos". Ele quer ter "algo", ser "algo", saber "algo" – ele deseja multiplicar constantemente esse "algo" material e intelectual por meio de seu desempenho e suas atividades, até ele mesmo se transformar em "algo" – em um

---

57. Minha paixão por Nietzsche, por esse lutador passional contra o cristianismo de seu tempo, pode surpreender muitos cristãos, talvez até mesmo provocá-los. Explicarei minhas razões nas últimas páginas deste livro.

objeto entre objetos, em uma coisa. Esse homem objetivado e preso não é capaz de encontrar um Deus vivo e interior, porque este não é uma coisa entre coisas; um ser humano superficial, contanto que adore um deus (e todos adoram algum *deus*, mesmo quando esse deus é ele mesmo), possui apenas um "deus externo", uma concepção humana, a projeção de seus medos e desejos, um ídolo.

Devemos agradecer a Deus pelo ateísmo quando este destrói esse tipo de deuses! O deus exterior precisa morrer para que o véu do esquecimento de Deus possa ser retirado, para que a confusão de uma religiosidade falsa e superficial com a fé deixe de existir e possa surgir um relacionamento com o Deus vivo[58]. Mas para tanto precisa morrer em nós também o homem "exterior" e superficial.

Como pode morrer um "ego"? O ego *precisa soltar e abrir mão*, ele precisa conquistar a liberdade das dependências deste mundo, que é um acúmulo de "algos" alcançados ou esperados. Eckhart e seus alunos afirmavam: É necessário ter nada, saber nada, ser nada. Ou em palavras mais claras: querer *o nada*, ter *o nada*, ser *o nada* – saber que esse *nada* é Deus. Uma pessoa totalmente livre é semelhante ao *nada* – e é, portanto, semelhante a Deus. No mundo, nessa paleta colorida cheia de algos, Deus é um *nada* – portanto, todos aqueles que afirmam que Deus "não é" estão certos em certo sentido: pois Deus não está *aqui* e não é *algo*. Nós só podemos encontrá-lo verdadeiramente como ser humano internamente livre e liberto – ele o encontra "como um nu ao nu". Vale lembrar-nos sempre de novo desses pensamentos-chave da teologia mística de Eckhart!

---

58. Eu chamo esse "Deus externo" (semelhante à concepção subjetiva contrária de um Deus meramente "interior") o *Deus banal* (a concepção banal de Deus). Cf. tb. minha referência ao paradigma "heterônimo" (no sentido do teólogo Roger Lenaers, SJ) no capítulo seguinte.

Essa "libertação" pode ocorrer como uma "ruptura" dramática, como uma iluminação instantânea – como podemos ler nas obras de Eckhart, mas também de muitos mestres do zen-budismo, que, compreensivelmente, consideram Eckhart seu irmão gêmeo e o maior mestre espiritual do cristianismo e do mundo ocidental. No entanto, podemos ver essa transformação – a transformação do ser humano superficial em um ser humano interior, que "morreu para o mundo" e que matou dentro de si o "deus exterior" e que agora é rico exclusivamente por meio de Deus – também como um processo discreto, que perdura a vida toda.

Certamente ocorre repetidas vezes durante esse processo que essa iluminação se manifesta subitamente; mas, às vezes, ocorre imediatamente após uma vivência desse tipo uma recaída para as "dependências" do homem exterior de "algos" antigos e novos, mas que também nos ensina a humildade necessária. (Quantas vezes, quando ocorriam essas experiências do contato com Deus, acreditei ingenuamente que se tratara daquela última e decisiva "visão"; apenas as confrontações seguintes com as próprias fraquezas e dúvidas durante a "descida do Monte Tabor" me lembraram novamente das palavras que o anjo dirigiu ao Elias resignado: "Ainda tens um longo caminho pela frente!"[59])

Aquela liberdade perfeita dessa libertação e aquela segurança plena do descanso na nudez da verdade de Deus (não esqueçamos que a expressão grega para verdade, *alétheia*, significa "despimento" ou "estado de despido") consiste, como dizem Eckhart e outros místicos, na *morte do ego*. E apesar de podermos sofrer várias "mortes" desse tipo (e também a experiência secular fala, em relação ao amor que se entrega e se esgota na união sexual, de uma "pequena morte"), é evidente que aquele *tornar-se pobre* definitivamente libertador é reservado à morte real: Apenas na morte nos despimos de

59. Cf. 1Rs 19,7.

todas as estruturas dos *"algos"* do mundo e caímos na plenitude do *nada* divino.

E devemos lembrar mais uma coisa: O ser humano não consegue desistir livre e alegremente de tudo se ele não encontrou *na profundeza* aquele tesouro pelo qual ele – como o homem na parábola de Jesus – vende tudo para adquiri-lo[60]. Não se trata aqui de um frio cálculo comercial, como uma leitura superficial da passagem bíblica poderia nos levar a crer. Pois aquele "tesouro no campo" é "o reino celestial", ou seja, justamente aquele *nada*, que não pode ser trocado, porque, neste mundo, ele nada vale, nada pesa, porque nenhum marqueteiro ou cambista é capaz de avaliar seu valor. Essa troca voluntária de "algo" por "nada" não pode ocorrer no nível da troca de bens; a coragem para essa troca só pode ser encontrada no amor.

Aprofundemo-nos mais um pouco. Existe ainda outra vivência da "morte de Deus" e da "morte do ego". O caminho que leva a ela é semelhante ao caminho de Eckhart em muitos aspectos: o caminho do zen. Não creio que esse caminho siga uma direção fundamentalmente diferente e leve a outro destino do que o caminho dos grandes místicos do cristianismo. Eu o menciono aqui também porque, hoje em dia, esse aparente desvio pelo Oriente pode ajudar a muitos – como também ajudou a mim – a redescobrir o "tesouro sob o limiar" da própria cultura, ou seja, o misticismo cristão e a "teologia negativa (apofática)" que dele resulta.

Eu tive a rara oportunidade de conhecer dois mestres cristãos extraordinários da meditação zen: Os padres jesuítas Hugo Enomyia-Lassalle e Kakichi Kadowaki. Eu os conheci pessoalmente, não apenas por meio de seus livros, fiz exercícios na meditação zen sob a direção de ambos. O livro *Zen e a Bíblia – Um relato*

---

60. Cf. Mt 13,44.

experiencial do Japão, de Kakichi Kadowaki[61], me permitiu acessar as experiências da meditação conjunta.

Kadowaki acredita que o pensamento japonês e sobretudo o zen se aproxima muito do caráter da mensagem bíblica. O encontro com o zen pode ajudar a teologia cristã a descobrir um novo acesso ao núcleo da mensagem cristã, encoberto em medida considerável por um modo de pensamento totalmente diferente, ou seja, pela metafísica antiga (especialmente pela metafísica aristotélica). Muitas afirmações das Escrituras, especialmente os ditos de Jesus e suas parábolas, se parecem mais com os *koans* do que com os silogismos da metafísica aristotélica – ou seja, são mais parecidos com paradoxos e enigmas, cujo sentido não pode ser revelado com a ajuda da lógica ocidental clássica e do pensamento racional, mas apenas por meio da meditação[62]. "Os primeiros serão os últimos; e os últimos serão os primeiros", "Quem quiser salvar sua vida a perderá", "A todo o que tem se lhe dará; mas ao que não tem, até o que tem lhe será tirado", todas as bem-aventuranças, muitas parábolas, mas também a própria encarnação de Deus – o Verbo se fez carne, nasceu de uma virgem num estábulo, o Deus-homem morre como um criminoso na cruz com o grito: "Deus meu, Deus meu, por que me abandonaste?" – não são todos estes um *koan* após o outro? O que a nossa razão faz com tudo isso, aquela razão treinada na lógica ocidental clássica?

Kadowaki recomenda o método do zen: Quando você está exausto e cansado das tentativas vãs da razão de descobrir o sentido desses enigmas, sente-se e medite para deter o fluxo dos pensamentos. E quando sentir que você está no estado do samadhi, totalmente

---

61. KADOWAKI, J.K. *Zen und die Bibel* – Ein Erfahrungsbericht aus Japan. Salzburg, 1980.

62. Aquilo que, na literatura sobre o zen, costuma ser chamado meditação, se aproxima daquilo que a teologia cristã clássica mística designa como *contemplação*. Trata-se, portanto, de algo totalmente diferente de uma *reflexão* meramente meditativa (mas racional e discursiva); trata-se da imersão no "indizível", que transparece apenas por trás das palavras, imagens e pensamentos.

concentrado e aprofundado na reflexão (que é o oposto de uma concentração forçada), o significado de uma passagem bíblica emerge como que automaticamente. E se você se exercitar com paciência e honestidade, com empenho máximo, mas sem qualquer ambição de "desempenho" – ela (talvez) lhe revelará seu sentido. Ele aparece como um raio em céu claro ou como um fraco feixe de luz sob uma porta trancada.

E também em relação à afirmação central destas contemplações, em relação ao mandamento duplo do amor, essa abordagem me parece mais do que adequada. De forma alguma ousaria dizer que consegui *resolver* esse *koan* de forma definitiva. Mas posso compartilhar uma experiência. Após algum tempo, os dois agentes, o amante e o amado, Deus e o ser humano, desaparecem – e o que resta é apenas o amor.

De repente entendemos algumas das declarações de Eckhart que, para alguém que nunca fez experiências desse tipo, soam extremamente suspeitas: "Algumas pessoas ignorantes acreditam que deveriam ver Deus como se ele estivesse ali; e elas, aqui. Não é assim. Deus e eu, nós somos um". E: "O olho com o qual eu vejo Deus é o mesmo olho com o qual Deus me vê. Entre Deus e eu existe um olho, uma força visual, um reconhecer e um amar". E, mais uma vez: "Perder Deus para Deus é um grande lucro, não uma perda!"

Na chama de uma intensa vivência mística do amor, de uma união mística, não existe mais dualidade. *Deus não está lá fora.*

Deus desaparece na escuridão, mas essa escuridão, ensina João da Cruz, é causada por um excesso de luz, que cega o ser humano que passa pela experiência de sentir Deus na fé em seu próprio corpo. A fé é um hábito, que excede sem medida toda capacidade de conhecimento humano (*excede todo humano entendimento sin alguna proporción*[63]); "assim devora e supera a luz da fé por meio de sua

---

63. JOÃO DA CRUZ. "Aufstieg auf den Berg Karmel – Vollständige Neuübertragung". *Gesammelte Werke*, 4, II livro. Freiburg, 1999.

força desmedida a luz da nossa razão". Essas declarações não significam que João da Cruz não prezava profundamente o conhecimento racional e sensual. Mas ele conhecia também seus limites; segundo ele, a fé verdadeira começa justamente nesse limite e o ultrapassa. A fé nos diz coisas que não vemos ou ouvimos nem em si nem em formas semelhantes ("porque não existe nada semelhante"). E mesmo assim podemos e devemos dar nosso consentimento à alma "para aquilo que entra pelo ouvido" (*consentimiento del alma de lo que entra por el oído*)[64].

O ser humano precisa, porém, ultrapassar e abandonar todos os seus estereótipos (os modos de compreensão, percepção e vivência aos quais ele se acostumou), para que ele possa entrar "naquilo que não possui modo, e isso é Deus" (*entrar en lo que no tiene modo, que es Dios*)[65].

Precisamos desvelar e despir todo o nosso interior, pois é apenas assim, quando nada mais existe entre nós e a vontade de Deus, que *ocorre aquela união do ser humano com Deus que se chama amor*. Então "somos iguais a Deus por meio do amor" (*transformados en Dios por amor*)[66].

Voltemos para Eckhart: Deus e eu, nós somos um. Essa afirmação se opõe claramente àquele Eu orgulhoso (*ego*), que ingênua e altivamente se comporta como se fosse Deus.

Deus não está "lá fora". É necessário incluir totalmente essa experiência profunda dos místicos no pensamento teológico e filosófico sobre Deus. Deus é mais um ponto de referência do que um objeto, um ponto de referência a partir do qual podemos perceber

64. Ibid., cap. 3,3.
65. Ibid., cap. 4,5.
66. Ibid., cap. 5,3.

e compreender o mundo e nós mesmos: "E assim como o próprio ponto de vista não pode ser visto, tudo é compreendido à luz de Deus, mas o próprio Deus só pode ser percebido no espelho daquilo que é visto dentro de seu horizonte"[67].

Essa afirmação possui um alcance filosófico considerável. O teólogo alemão Klaus Müller, que ensina em Münster, acrescenta aqui que o pensamento de Deus e a afirmação de sua realidade precisam ser compreendidos como condição da possibilidade da execução fundamental da autoconsciência: "Assim como sei com certeza de que me refiro a mim mesmo quando digo 'eu', sei também com a mesma certeza de que a emergência desse conhecimento não depende de mim. Apesar de ser irredutível, a autoconsciência é experimentada de tal modo que ela remete a um ponto ao qual ela não tem acesso, mas que é ativado, não por meio da autoconsciência, mas apenas no evento de sua ocorrência. Era este o significado daquilo que anteriormente fora dito sobre Deus como 'fundamento interior'"[68].

"Como você pode saber que Deus é esse fundamento?", pergunta o ateu cético. Eu respondo: "Eu não o sei de antemão. Suponho, porém, que, por trás de seu ceticismo, se esconda uma concepção de Deus que você já tem de antemão. Já, para mim, é apenas a vivência do contato com esse fundamento que, posteriormente, me concede certa compreensão daquilo que designamos com a palavra 'Deus'". Eu poderia então encerrar minha resposta com uma pergunta: Que sentido a palavra "Deus" ainda poderia ter se ela não designasse esse fundamento interior?

67. DALFERTH, I.U. *Die Wirklichkeit des Möglichen* – Hermeneutische Religionsphilosophie. Tübingen, 2003, p. 467.
68. MÜLLER, K. *Gottes Dasein denken* – Eine philosophische Gotteslehre für heute. Regensburg, 2001, p. 177.

Numa imersão meditativa no mandamento do amor, o ser humano chega a tocar, de certo modo, esse fundamento, que suspende a divisão entre o eu e o tu. Deus é o ponto de vista e o "eu" (ego) deixa de ser um sujeito, a última fonte da visão e passa a ser *aquilo que é visto*. O propósito de um exercício meditativo é sair de si mesmo e tentar "observar seu observador"[69].

O que permite ao ser humano refletir sobre seu *ego* é a possibilidade de se distanciar dele de certo modo, de negar-se a si mesmo. Existe um espaço duplo para o qual podemos "sair de nós mesmos" – e esse lugar duplo oferece duas perspectivas diferentes para a nossa visão.

A primeira consiste em nossas imediações, nosso ambiente humano. Em certa medida, o ser humano é capaz de "ver com os olhos dos outros" (existem até mesmo pessoas que não conseguem se enxergar senão por meio das normas e avaliações de terceiros). Podemos participar da visão que outros têm de nós. Essa visão, porém, abarca apenas a aparência, determinados atributos. Nós nos vemos à luz da comparação com outros. Essa perspectiva não nos mostra nosso *"ser verdadeiro"* (como diria Martin Heidegger), mas apenas que um ser humano é "assim e não diferentemente" (*So-Sein* [ser assim]), ele é, por exemplo, mais inteligente e mais rico do que outro.

Mas existe ainda uma segunda instância, para a qual as línguas alemã e inglesa possuem uma palavra especial: o *Selbst* (ou *self* em inglês). Na linguagem dos místicos, esse "eu mais profundo", o "núcleo", que, numa contemplação superficial, é encoberto pelo *ego*, essa "alma da nossa alma" ou a "centelha no fundo da alma", é o lugar onde Deus habita em nós, o lugar da *imanência de Deus*.

---

69. Segundo o importante representante da sociologia atual Niklas Luhman, a teologia mística apresenta, sobretudo nesse ponto, uma vantagem considerável em relação às outras ciências. Pois ela sempre já levou em conta um "observador inobservável", enquanto as outras ciências permaneceram presas durante muito tempo numa metafísica ingênua de sujeito-objeto e gnoseologia e estão descobrindo a necessidade de uma autorreflexão apenas agora.

Outros autores – menciono aqui apenas Pascal – falam do coração: O coração tem *sua própria razão*, a razão que não compreende[70]. Santo Agostinho usa o conceito da "memória"; não devemos, porém, confundi-lo com a concepção da memória na psicologia empírica de hoje; a *memoria* de Agostinho se aproxima antes de outro conceito da psicologia moderna, do "inconsciente coletivo" (C.G. Jung), o reino numinoso dos arquétipos. Agostinho se refere a algo que se abre ao ser humano especialmente na experiência mística: ao fato de que existe algo no ser humano que alcança uma profundeza maior do que seu ego consciente.

O que é aquele *Selbst* ou *self, aquele núcleo* que podemos alcançar na meditação para então, de lá, contemplar o nosso ego e seu reino? Trata-se de todo um "lugar", e ele ainda estaria "dentro de nós"? Toda experiência do encontro com o próprio *núcleo* (o *Selbst*) é uma oportunidade de experimentar o mistério mais profundo de um ser humano, ou seja, o fato de o *ser humano ser uma criatura que transcende a si mesma*, que, em certo sentido, é "mais do que um ser humano". Em suas análises precisas e sensíveis dos conhecimentos e dos atos humanos, o filósofo Maurice Blondel mostrou que "em nosso pensamento sempre há mais do que nosso pensamento" (nosso pensamento vivo sempre ultrapassa nosso pensamento científico, a reflexão racional sempre ultrapassa o conhecimento sensual, a contemplação unificadora sempre ultrapassa a análise racional, todo nosso conhecimento antecipa algo a mais e insere algo a mais no jogo do que aquilo do qual ele parecia partir), "em nosso ser há mais do que o nosso ser" (nós nos reconhecemos como seres finitos – mas justamente graças à participação no evento que transcende a finitude), "em nosso fazer há mais do que o nosso fazer". (A ascensão da vontade e do nosso querer sempre ultrapassa aquilo que desejamos, ela não é apenas criação do nosso espírito, mas também aquilo por

---

70. Este é o sentido do famoso jogo de palavras de Pascal, que, muitas vezes, é equivocadamente traduzido como "O coração tem razões que a própria razão desconhece".

meio do qual nós nos conscientizamos de nossa faculdade criativa.) Em nós existe *algo* que não é mais *nós mesmos*; não é algo que nos é imposto de fora. "Trata-se de algo estimulante, que habita em nosso interior mais íntimo e sem o qual não seríamos o que somos", afirma um comentarista da obra de Blondel[71] e lembra que justamente aquilo que seria mais interior do que o nosso mais íntimo é chamado de Deus por Agostinho (*Deus interior intimo meo*).

À luz dessa experiência, esclarece-se de modo ainda mais claro aquilo sobre o qual já refleti muitas vezes[72]. Naquele momento da Modernidade em que, com Descartes, começamos a dividir a realidade em sujeito e objeto, Deus se tornou um sem-teto. A consequência lógica foi que o ateísmo pôde dizer: Deus não existe. E realmente: Se vermos o mundo dessa forma, Deus realmente não existe: Pois Deus não é nem "objeto", uma coisa entre coisas, um ente entre entes, nem elemento do sujeito humano, não é mero pensamento, não é sentimento, não é conceito nem concepção.

Essa forma da ausência de Deus no mundo dos objetos e sujeitos não precisa, porém, ser necessariamente interpretada de forma ateísta. Existe ainda outra interpretação possível: Ela consiste na experiência do divino oculto e insondável, da transcendência de Deus. Essa experiência da transcendência divina é, porém, apenas a primeira palavra; a teologia cristã busca sempre um polo complementar, ou seja, a vivência da imanência divina, da proximidade divina.

"Um Deus que existe não existe" – Essa declaração paradoxal de Mestre Eckhart, repetida por vários teólogos do século XX, so-

71. Cf. ARCHAMBAULT, P. *Initiation à la philosophie blondélienne en forme de court traité de métaphysique*. Paris: 1946 [citado pelo autor segundo a edição tcheca: *Iniciace do Blondelovy filozofie jako krátký traktát mefatyziky*. Olomouc, 2012, p. 71-73].

72. Cf., p. ex., HALÍK, T. *Nachtgedanken eines Beichtvaters* – Glaube in Zeiten der Ungewissheit. Freiburg i. Br., 2012, p. 39s.

bretudo por Bonhoeffer e Tillich, expressa uma verdade profunda da "teologia negativa" que nasceu da profundeza da experiência mística. Um Deus que fosse *semelhante a um objeto* não seria Deus. – Deus, se é que compreendemos o sentido desse conceito, não pode, segundo sua essência, compartilhar da existência individual e contingente (aleatória) das coisas, que pode "ser" (e, portanto, pode "não ser"). *Deus não pode não ser*, porque uma existência aleatória – um ser que não precisa ser necessário e que *pode não ser* – não é Deus segundo sua essência. É nesse conhecimento que se baseia o argumento que, na filosofia da religião, se estende desde Anselmo de Cantuária até os lógicos e filósofos linguísticos da Modernidade (mesmo que, muitas vezes, sob o título enganoso da "demonstração ontológica de Deus").

Em outro lugar, defendo o postulado de Kearney, que fala de um "Deus que pode ser" (*God who may be*). Isso não representa uma contradição ao que foi dito até agora: Kearney não fala sobre o "ser divino", mas sobre como Deus entra em nossa vida e como nós podemos experimentá-lo – não como simples dado (como fato entre fatos, como coisa entre coisas), mas como palavra dirigida a nós, como oferta e, nesse sentido, como possibilidade.

Um Deus que não pode não ser pode se ocultar dos nossos olhos e da nossa experiência (p. ex., nas "noites escuras" de catástrofes pessoais e na história das culturas) e pode ser redescoberto. Também as "noites escuras" proclamam a mensagem de que Deus reside num lugar mais profundo do que costumamos imaginar. "O fim da religião", do qual falo aqui, é sobretudo a perda da credibilidade de uma "imagem de Deus banal"; fé, esperança e amor, que sobrevivem à "morte do Deus banal", à queda de uma forma do cristianismo, oferecem a possibilidade de buscar Deus na dimensão profunda da realidade e nos paradoxos da vida.

Não creio que aquilo que hoje recebe o rótulo "retorno da religião" seja aquela segunda palavra de Deus, que isso não possa ser considerado uma ressurreição verdadeira após a "morte de Deus". Talvez apenas aquela sede espiritual que se articula de modo incontestável nesses fenômenos da nossa atualidade (sede esta contra a qual a "feira das religiões" oferece bebidas bastante curiosas) possa ser percebida como aurora de uma manhã vindoura. O próprio João da Cruz afirma que, durante a noite, a própria sede é a luz que nos leva às fontes.

De forma alguma pretendo me render às ilusões de um reavivamento geral da religião. Às vezes, tenho a impressão de que a nossa civilização se parece com uma armada criada pela humanidade ocidental ao longo da história. Durante muito tempo, a velha e respeitável caravela "Christianitas" do universalismo cristão cruzava sozinha os nossos mares. A Igreja da Antiguidade tardia havia confiado a esse navio muitos valores da cultura greco-romana pagã. Então, esse navio foi ultrapassado pelo navio confortável e equipado com a tecnologia mais avançada da Modernidade europeia. Sua carga consistia na fé humanista na humanidade, no progresso, na ciência e na tecnologia, na objetividade e no poder do conhecimento racional, mas também "inovações" da cultura ocidental, como, por exemplo, o materialismo e o ateísmo. Essa Modernidade herdou do cristianismo a fé na validade universal de seus valores e ideais.

A esses dois navios juntou-se, no final do século XX, a embarcação – de aparência bizarra para muitos – do pós-modernismo com seu ceticismo radical e relativismo, juntamente com os chavões do multiculturalismo e do politicamente correto.

Não quero me juntar às muitas vozes apocalípticas; mas, às vezes, não consigo me livrar da sensação de que todos os três navios encalharam num banco de areia e sofreram naufrágio – e de que, agora, só nos restam pequenos barcos salva-vidas e, talvez, apenas pouco tempo para decidir o que devemos resgatar da carga dos navios naufragados.

Fazer de conta que nada acontecerá pode ter consequências fatais; acreditar que alguns dos navios podem ser consertados ou que conseguiremos salvar toda a sua carga é, evidentemente, ingênuo; mas seria irresponsável tentar salvar apenas a própria pele e permitir que toda a carga desses navios seja engolida pelas ondas. Na época, Noé se encontrou numa situação mais confortável. Ele tivera muito tempo para se preparar para o dilúvio e recebera orientações divinas referentes ao que ele deveria levar ou não e também a promessa de que a arca sobreviveria ao dilúvio. O Senhor não nos comunicou nada desse tipo; ou, caso tenha se pronunciado, não lhe demos muita atenção.

A pergunta é se conseguiremos chegar a um consenso em relação àquilo que merece ser resgatado. Caso fosse necessário decidir sem muita reflexão, eu resgataria da embarcação do pós-modernismo a pluralidade e o perspectivismo do conhecimento humano; do navio da Modernidade, eu levaria a razão crítica e o respeito pela pessoa humana. No caso da carga do navio da cultura cristã, a decisão seria mais difícil: seus tesouros me são muito familiares, e existe um forte laço emocional que me prende a eles. No entanto, é impossível salvar tudo, e talvez nem fosse desejável. De forma alguma, porém, deveríamos permitir que a Bíblia fosse engolida pelas águas, esse baú de tesouros de histórias maravilhosas – sem falar do Decálogo, das parábolas e bem-aventuranças de Jesus. Da rica biblioteca da teologia e filosofia deveríamos resgatar no mínimo a "teologia negativa", que nasceu das profundezas da experiência mística e que representa um instrumento imprescindível naquela luta contra a idolatria, luta esta que o primeiro mandamento do Decálogo nos impôs; pois hoje, mais do que nunca, é necessário separar a fé da superstição e dos delírios esotéricos.

Aquilo que a teologia de amanhã – a reflexão filosófica inspirada por Kierkegaard sobre a experiência da fé como orientação de vida específica, que impregna todos os aspectos da existência humana – deveria preservar e desdobrar é, talvez, o "mistério da Trindade", essa conexão paradoxal da diversidade (ou pluralidade) com a singularidade. Uma teologia cristã futura certamente não deveria perder de vista a "Trindade no céu e na terra" – deveria aprofundar a reflexão sobre Deus, que é o fundamento unificador de toda pluralidade (a Trindade) – e, ao mesmo tempo, também sobre a pergunta como a Trindade divina se reflete na experiência tripla dos cristãos: em sua fé, em sua esperança, em seu amor.

O desafio que aceitei quando comecei a escrever livros com ensaios filosófico-teológicos sobre os desafios espirituais do nosso tempo e sobre as relações entre fé e descrença sempre me conduziu a essa "Trindade terrena" – mas o tema do amor, que o Apóstolo Paulo diz ser o maior, não tem recebido a devida atenção em meus livros anteriores. É, porém, possível que justamente a experiência do amor – do amor de Deus pelos seres humanos e do amor entre as pessoas – seja a estrada real para a descoberta da proximidade de Deus.

5

Quero que sejas

Tenho falado da experiência da distância, daquele Deus distante, que é elemento da cultura ocidental moderna; de uma cultura que perdeu a força da religiosidade tradicional de outrora e na qual a fé em Deus já não representa mais um aspecto universal inquestionado. Não me contento com a interpretação ateísta ampliada dessa situação, mas busco uma reflexão teológica sobre ela e, mais especificamente, um diagnóstico espiritual da secularização. A experiência da "ausência de Deus na cultura" representa, para mim, um encontro possível com um dos dois polos da concepção de Deus, i.e., com a *transcendência de Deus*, com sua alteridade e o fato de ele ser inconcebível. Sim, tenho certeza de que essa "ocultação de Deus" é, hoje, aquela primeira palavra que Deus dirige a nós – e *acredito que seguirá uma segunda palavra*.

Talvez, de tempos em tempos, seja necessário um (breve) emudecimento para que a Palavra de Deus possa ressoar com clareza maior no silêncio. Se a primeira palavra foi a experiência da distância de Deus, a experiência da transcendência, podemos talvez esperar que aquela segunda palavra será o encontro com a proximidade divina, com a imanência. Mas onde e como podemos encontrá-la?

Análises feitas por historiadores e sociólogos ao longo das últimas décadas levantaram dúvidas fundamentais referentes à opinião amplamente difundida até recentemente (e que ainda hoje pode ser encontrada em alguns lugares) segundo a qual a secularização seria a última palavra da história, que ela seria um processo irreversível. Em toda a história da humanidade, porém, podemos identificar ciclos de crescimento, queda e retorno de diversas figuras da religião.

Já não podemos mais – como ainda no século XIX sob a influência de Auguste Comte e de seus herdeiros positivistas – interpretar a religião como fase da "infância da humanidade", como mera fase de transição em seu desenvolvimento. A religião se apresenta antes como constante antropológica, como dimensão imprescindível da cultura humana. Quando determinada figura religiosa perde sua vitalidade, sua capacidade de interagir com as outras características de um sistema cultural, ela começa a se dissolver, se retira para as margens da sociedade, e um fenômeno novo passa a ocupar seu lugar. Isso pode ser uma variante renovada da mesma religião ou confissão ou uma corrente religiosa totalmente diferente, ou seja, um fenômeno que, até então, possuía um caráter "secular", mas que, a partir de determinado momento, começa a adotar primeiro um papel social e, mais tarde, muitos traços adicionais de uma religião[73].

Quando Darwin transformou a biologia em historiografia, e a experiência social do capitalismo do seu tempo começou a projetar sobre a natureza as lutas de concorrência econômica com a ajuda do princípio do *survival of the fittest* – da "sobrevivência do mais forte" – essa ideia criativa genial gerou um modelo de influência extrema, que impulsionou um novo desenvolvimento não só nas ciências naturais, mas também nas ciências sociais. (Falando nisso: A teologia deveria ser muito grata à teoria da evolução pela destruição de um criacionismo ingênuo e pelas novas possibilidades da reflexão

---

73. Nesse sentido, fala-se hoje de um papel religioso ou pseudorreligioso exercido pelas ideologias políticas, pelos esportes e pelas mídias (cf. tb.: HALÍK, T. *Prolínání svetu*. Praga, 2006, p. 229).

espiritual sobre o notável dinamismo interior da criação[74].) Qualquer metáfora semelhantemente grande que se transforme em um mito influente (aqueles que trabalham com ela se esquecem muitas vezes de que se trata de uma metáfora, de um modelo de trabalho que nos ajuda a compreender melhor determinados fenômenos, não de verdades eternas) possui limites e uma validade historicamente delimitada. A teoria da secularização, que acreditava que a religião estava fadada a desaparecer na via de mão única do progresso irrefreável do conhecimento moderno, foi uma das muitas vulgarizações da teoria da "sobrevivência do mais forte" de Darwin. Quando a vitória final, predita pelo marxismo, do progresso e do "ateísmo científico" sobre a religião não ocorreu, os regimes marxistas tentaram alcançar a meta prometida por meio da violência, por vezes, resultando num genocídio cruel dos religiosos. No entanto, o fantasma do comunismo – juntamente com outras sombras das noites escuras do século XX – desapareceu da Europa, antes mesmo de os galos anunciarem a aurora do terceiro milênio do cristianismo.

Mas também aqueles que esperavam que, após o fim do comunismo na Europa, a versão anterior do cristianismo ocuparia os espaços liberados, ficaram decepcionados. Formas e conteúdos da religião são mutáveis, a religião é uma corrente demasiadamente colorida, vital e dinâmica para que pudesse ser regulada de modo duradouro por margens fixas. Também aqui vale que "ninguém consegue entrar duas vezes no mesmo rio"; inovações ou o retorno da religião jamais são um retorno do mesmo. Isso vale também para aquelas formas de religião que, vistas de fora, se apresentam como um contínuo estável e ininterrupto e que se investem muito para ressaltar sua "imutabilidade", como ouvimos tantas vezes em círculos católicos.

---

74. Teilhard de Chardin, jesuíta, teólogo e cientista natural, que buscou uma reflexão teológica sobre a evolução, enfrentou grandes resistências por parte da Igreja de seu tempo e também dentro da Companhia de Jesus, que tantas vezes na história liderou o movimento de *refletir o carisma da coragem e de ler os sinais do tempo*.

Mas continuidade e imutabilidade são duas coisas fundamentalmente diferentes!

A obra mais importante sobre a religião no nosso tempo, o livro monumental *A Secular Age*, de Charles Taylor, demonstra de modo convincente como no cristianismo o contexto histórico e cultural transforma continuamente aquilo que, aparentemente, permanece intacto. Mesmo que os cristãos de hoje acreditem no "mesmo" como os cristãos de séculos atrás, eles acreditam de modo *diferente*, mesmo que repitam as mesmas palavras; eles o compreendem de modo *diferente*, mesmo que executem o mesmo rito no mesmo espaço; esse espaço e esse rito exercem um papel *diferente* em sua vida do que foi o caso na vida de seus antepassados[75].

Recentemente, testemunhei como os clérigos de algumas comunidades religiosas cristãs discutiram pessoalmente e na internet se (e em que medida) fazia sentido repetir nas missas e nos cultos as formas primordiais do credo, que refletem a luta teológica da Antiguidade e que contêm expressões cujo sentido original se esquiva totalmente dos cristãos que as recitam hoje em dia. Quem, por exemplo, sabe ainda que o credo combina duas concepções divergentes de Deus – a hebraica, para a qual Deus é sujeito (e Deus só pode ser o único, o Senhor, o Criador do céu e da terra), e a grega, para a qual "Deus" é um predicado, que permitia aos cristãos da cultura helênica ou helenizada falar da divindade de Jesus sem a necessidade de falar de dois deuses, o que seria uma blasfêmia[76]. Nessa discussão surgiu também a pergunta: Quando o credo é recitado numa celebração religiosa, ele ainda é uma *confissão* no sentido que tinha em um tempo em que os cristãos arriscavam serem executados quando recitavam o credo? Aos esforços de "atualizar a linguagem

---

75. Cf. TAYLOR, C. *A Secular Age*. Cambridge, 2007.

76. A teologia dos livros tardios da Bíblia Hebraica, influenciados pelo pensamento helênico (a chamada literatura sapiencial), representava uma ponte para as afirmações cristãs sobre a divindade de Jesus. Esta fala dos atributos divinos (sobretudo da sabedoria divina), do espírito e da Palavra de Deus como seres divinos, vinculados em sua essência a Deus ("consubstanciais").

do credo" levantou-se a objeção de Chesterton segundo a qual seria necessário compreender a "democracia dos falecidos": Hoje, nós, que, por um momento, nos apresentamos naquele palco antigo, não podemos nos comportar como representantes de uma oligarquia orgulhosa para a qual as vozes de tantas gerações anteriores não valem nada e que dá um valor excessivo à própria voz. Mas aqui podemos argumentar: Será que a unicidade e a unanimidade das massas incontáveis de falecidos não seriam apenas uma ilusão, quando as contemplamos de uma grande distância? Normalmente, quando nos aprofundamos nas fontes do passado, ficamos muito surpresos ao vermos que a tradição é muito mais colorida e multifacetada do que havíamos imaginado!

A destruição assídua de tradições é, certamente, um ato bárbaro. A cultivação sensível das tradições exige uma interpretação cuidadosa, pois a própria tradição consiste numa corrente viva de constantes reinterpretações da herança que nos foi confiada. A tradição é um movimento histórico de tentativas intermináveis de compreender essa herança com maior profundeza e de torná-la compreensível em determinado período de um contexto histórico-cultural em constante mudança. Se, porém, apenas repetirmos mecanicamente as formas legadas, mutilamos seu conteúdo; não prestamos um serviço útil à tradição. Pelo contrário, abandonamos assim o caminho da tradição, saímos da correnteza do rio e nos isolamos numa ilha. (Os "tradicionalistas" entre os cristãos conservadores se surpreenderiam se lhes mostrássemos quão moderna e limitada é aquela forma do cristianismo que eles pretendem conservar – e quão grande é a riqueza intelectual e espiritual que se encontra nas tradições muito mais antigas da Igreja; basta lembrar os Padres do Deserto, a patrística grega, a teologia negativa de Dionísio Areopagita, os místicos medievais...)

Talvez aquilo que chamamos secularização e ruína da religião ou "morte de Deus" tenha começado porque a teologia tenha se mostrado incapaz de responder criativamente à imagem do mundo e do ser humano que começou a sofrer mudanças no limiar da Modernidade. Na época, a teologia, talvez cansada da luta entre as confissões, acatou de modo irrefletido, inconsciente e, portanto, acrítico a divisão moderna da realidade em sujeito e objeto, adaptando a ela em medida considerável a dicotomia medieval da ordem da natureza e da ordem da graça, do mundo natural e do mundo sobrenatural. A ênfase na "objetividade" de Deus (que agora é vista como oposição à subjetividade) e da ordem da graça significava, porém, uma *exteriorização*, tornando-se assim um passo fatídico em direção ao abismo do ateísmo.

Um "Deus puramente objetivo" (uma ênfase da transcendência em detrimento da imanência) é um Deus que é um "oposto"[77] ao ser humano. Isso enfraquece ou até mesmo recalca completamente a experiência do místico da habitação divina no ser humano. Assim, é fácil compreender que os seres humanos, num tempo de uma consciência crescente da grandeza e da força humana, veem esse tipo de "Deus externo" como concorrência, como obstáculo em seu caminho para a emancipação (sendo que, até então, ele havia sido apenas um obstáculo para o orgulho humano) – e, finalmente, como inimigo que precisa ser destruído.

Quando o Iluminismo impôs um novo conceito de natureza e naturalidade, o natural começou a ver a si mesmo como o "real". O "sobrenatural", inclusive a concepção teológica moderna de Deus, foi relegada à esfera suspeita da opinião puramente privada ou até mesmo ao sótão empoeirado dos brinquedos e contos de fada antigos, ao mundo das sereias e dos homens marinhos. A nova imagem naturalista do mundo, *aquela nova objetividade*, não tinha mais lu-

---

77. "Gegenüber": Literalmente "na frente de", "do lado oposto", aqui no sentido de um interlocutor na presença, mas separado de mim [N.T.].

gar para o *sobrenatural objetivo* (externo). À natureza e à naturalidade – esses conceitos designavam agora o complexo de tudo aquilo que pode ser percebido e mesurado pelos sentidos e apreendido claramente pela razão – foi atribuído o "monopólio" da "realidade" e da "objetividade"; tudo que não correspondia a essas categorias "não era real". A velha religião passou a ser vista como um assunto expressamente subjetivo (privado). Os iluministas radicais viam nela uma "superstição"; os marxistas um resquício de uma antiga ordem social, que estava sendo conduzido para a forca da história pelo "proletariado com consciência de classe".

Assim, Deus se transforma nas concepções do "ser humano moderno" em um *Deus banal*, que só serve como ornamento de certos momentos festivos, como chavão da retórica política, como fantasma para crianças desobedientes e como saco de pancadas para os ateístas desde Nietzsche, Freud e Marx até Dawkins e seus companheiros.

Para a teologia da Modernidade[78] tornou-se fatídico o fato de que ela não reconheceu as consequências da confusão gradual do Deus da Bíblia com o conceito metafísico aristotélico de Deus. Se considerássemos esse conceito de Deus da filosofia antiga apenas como uma das metáforas e contemplássemos mais as coloridas imagens bíblicas do Senhor, que fala tanto na tempestade quanto no silêncio do coração, uma teologia gerada a partir da *tensão mútua* entre imagens bíblicas e conceitos filosóficos, conseguiria talvez escapar tanto da rigidez da neoescolástica quanto de um fundamentalismo biblicista. Então seria evidente que Deus não é nem "puramente objetivo" nem "puramente subjetivo" e que o pensamento sobre Deus não pode ser subjugado a um esquema artificial de "objeto-sujeito". Um Deus "puramente objetivo" ou "puramente subjetivo" é

---

78. Falo intencionalmente da metafísica moderna, baseada no modelo cartesiano do objeto-sujeito. Não tenho certeza se aqueles que responsabilizam toda a história da metafísica pelo nascimento do "Deus banal", da teologia medieval – sempre reavivada pela correnteza da teologia negativa e do misticismo – não a tratam injustamente.

um Deus banal; fundamentalismo e fideísmo são os becos sem saída do cristianismo.

Protestos passionais esporádicos – dentre os quais o mais explícito foi, provavelmente, o grito de Pascal em seu *Mémorial*: "Deus de Abraão, Deus de Isaque, Deus de Jacó [Deus de Jesus Cristo], não dos filósofos e estudiosos!" – foram ignorados. Apenas em Kierkegaard, Barth, Bonhoeffer e finalmente na "teologia da morte de Deus", a teologia cristã reconhece que a morte de Deus anunciada por Nietzsche e outros se refere à *morte do Deus banal da Modernidade* – e que esse evento pode ser libertador para a fé cristã. Essa libertação, porém, nada tem a ver com qualquer tipo de triunfo. Ela é um desafio de buscar, trabalhar intelectualmente; um incentivo para "mergulhar na profundeza".

Nicholas Lash fala do "fim da religião"[79], mas ele se refere ao fim daquela forma historicamente determinada do cristianismo que se constituiu principalmente na era do Iluminismo, ou seja, da religião como um setor da cultura *ao lado* de outros. Pois ele menciona também aquilo que, segundo a sua convicção, não acaba: fé, esperança e amor. E é justamente aqui que pretendo retomar meu raciocínio.

Nosso tempo está começando a se acostumar ao novo atributo – o de ser um *tempo pós-secular*. A secularização foi a palavra de ordem da Modernidade; o pós-modernismo transpõe essa fase. Na transição para o pós-mundo vindouro, para o mundo dos muitos "pós", torna-se necessário deixar de lado não só outras invenções dos iluministas, mas também o paradigma da secularização. O pós-modernismo representa uma oferta interessante e atraente para a teologia, e não surpreende que muitos teólogos aceitaram essa oferta.

---

79. LASH, N. *The Beginning and the End of Religion*. Cambridge, 1996.

O teólogo belga contemporâneo Roger Lenaers, SJ[80] distingue três abordagens à realidade, três mundos de pensamento: os mundos heterônomo, autônomo e teônomo. A Bíblia e toda a tradição eclesiástica, a patrística e a escolástica, os dogmas, a liturgia, as declarações dos concílios (e muitas homilias e livros religiosos até hoje) teriam surgido no mundo da compreensão *heterônoma*: O axioma subjacente, não problematizado e aparentemente natural dessa abordagem é a pressuposição da existência de um segundo e diferente (*heteros*) mundo "no alto", do qual o nosso mundo depende e do qual (ou seja, de fora) provêm também os seus preceitos (*nomos*). A esse mundo pertence também a afirmação sobre o Salvador, que "desceu do céu" e para lá retornou. "No céu" está Deus e também o objetivo da nossa vida.

A Modernidade trouxe consigo a rejeição do axioma da existência de um "além", (de um "platonismo para o povo", como Nietzsche zombava em suas disputas com os defensores de um além, que, no espírito do platonismo e do cristianismo, pretendiam negar à existência no "aquém" seu valor real). O naturalismo das ciências naturais e o humanismo iluminista instalaram outro axioma: Este mundo segue suas próprias leis, ele é *autônomo*. O ser humano também pertence ao cosmo, podemos até chamá-lo a mais alta autorrealização do cosmo: Por isso, ele também merece a liberdade, a independência, ele mesmo precisa ser o criador de suas leis éticas. O "segundo mundo, o outro mundo" tornou-se supérfluo, e logo foi declarada a morte de seu Senhor divino e poderoso, ou seja, foi declarado que ele nunca existiu realmente.

A Modernidade é o nosso mundo; o pós-modernismo deve ser visto como autocrítica, não, porém, como negação da Modernidade. Não existe caminho legítimo que nos leve de volta ao pré-modernismo. Em sua crítica da Modernidade, porém, o pós-modernismo

---

80. LENAERS, R. *Der Traum des Königs Nebukadnezar* – Das Ende einer mittelalterlichen Kirche. Leuven/Kleve, 2005, p. 19s.

tem a oportunidade de descobrir aquilo diante do qual a Modernidade – em seu fascínio por aquilo do qual o conhecimento e a habilidade humana haviam sido capazes – havia permanecido cega: "a dimensão profunda da realidade"[81]. Deus, para o qual não existia lugar na autonomia moderna, pode encontrar na perspectiva pós-moderna um lugar até muito digno, não em algum lugar às margens, na penumbra misteriosa dos mistérios até então inexplorados, no ocultismo ou no esoterismo, mas no núcleo da própria realidade, em sua profundeza.

Deus não está "lá fora", mas sempre já do lado de dentro. Deus deve ser compreendido como razão mais profunda e criativa de cada processo cósmico – Lenaers chama essa reconciliação da autonomia com a fé em Deus (indubitavelmente inspirada por Teilhard de Chardin) o *princípio teônomo*. "No pensamento teônomo existe um único mundo, o nosso. Mas este é sagrado, pois é a autorrevelação contínua daquele mistério sagrado para o qual apontamos quando usamos a palavra 'Deus'"[82].

Essa perspectiva se aproxima bastante da minha concepção do pós-modernismo e do mundo pós-secular. Alcancei uma visão semelhante do mundo e de Deus após uma longa busca num caminho influenciado pela fenomenologia, psicologia profunda, filosofia e teologia existenciais, por Jung, Tillich, Ricoeur, Teilhard, Lévinas, Nicholas Lash ou Jean-Luc Marion. A religião do pré-modernismo e também o ateísmo da Modernidade não conseguem responder à minha pergunta pelo último "de onde". Não é necessário construir ou reconstruir o "além", mas tampouco podemos permanecer naquela superfície do mundo que o evangelho segundo São João chama "este mundo". É necessário *perguntar pela profundeza,* descer para a profundeza. Existe apenas este mundo aqui – mas ele existe (diante dos nossos olhos, em nossa volta, dentro de nós) também com sua

---

81. Ibid., p. 23.
82. Ibid., p. 25. Essas palavras me lembram de uma palavra de Nietzsche em *Assim falou Zaratustra*: "O coração da terra é feito de ouro".

profundeza, com seus múltiplos significados e ambiguidades, com seus paradoxos. Por isso, ele se oferece aos muitos modos de nossa interpretação e da nossa vida: Ou exploramos suas profundezas ou permanecemos na superfície.

A transcendência que chamamos amor e na qual reconhecemos a realização da possibilidade mais profunda, que é o ser humano, não nos leva para algum lugar fora da realidade, mas para sua fonte, para a fonte da qual flui aquilo que as palavras (Deus, ser humano, próximo, mundo) separam, mas que o amor une. O "de onde" é exterior àquilo que se fecha em si mesmo, mas é interior àquilo que permanece aberto. Segundo Teilhard, amor significa *"se décentrer"*, deixar de se colocar no centro, e eu acrescento: permanecer aberto em relação ao centro, em relação ao *fundamento*.

Apenas quando buscamos constantemente aquele fundamento (o *self*), do qual não podemos nos apropriar por meio de definições, conceitos e concepções, pelo qual podemos apenas orientar toda a nossa ambição (o que, porém, pode suscitar em nós a sensação equivocada de sermos "possuidores da verdade"), conseguimos navegar com segurança entre as duas rochas fatídicas, a Cila do fundamentalismo e a Caríbdis do ateísmo, e desviar daquilo ao que ambos os extremos se referem de modos contrários, do *Deus banal*. Por isso, precisamos ficar atentos ao retorno daquele Deus banal em novas roupas! Uma grande tarefa da teologia e do acompanhamento espiritual consiste hoje na rejeição do *Deus banal* (proclamado pelo fundamentalismo e recusado pelo ateísmo) e na busca do *Deus vivo* da Bíblia e dos místicos, do Deus dos paradoxos, que se revelou a Nicolau de Cusa como "unidade dos opostos" e apareceu a Pascal como fogo, fogo, fogo – do Deus de Abraão, Isaque e Jacó, do Deus de Jesus Cristo[83].

---

83. Uma alusão ao memorial de Pascal, um texto no qual Pascal registrou a vivência de sua experiência mística e que ele sempre levou consigo até a sua morte.

No palco atual há trombetas e tambores em excesso. De um lado, temos o "novo ateísmo" militante e ingênuo de Richard Dawkins e de seus companheiros; de outro, seu irmão gêmeo igualmente barulhento e ingênuo, o fundamentalismo cristão juntamente com a "direita religiosa". Que ambos afixem nos ônibus os seus cartazes com seus chavões inflados e briguem um com o outro. O Deus que falou com Elias na brisa suave não está nessas tempestades e brigas. As grandes verdades vêm, como ensinou o bom e velho Nietzsche, "sobre patas de pombo"[84].

Como podemos ir ao encontro da esperada proximidade de Deus? Com paixão, com a paixão e a sede que deveriam se aprofundar e purificar na noite da fé. João da Cruz havia afirmado que, naquela noite, a sede é a nossa única luz.

Em uma série de textos, eu me dediquei àquelas formas do ateísmo que se aproximam da fé cristã em um ponto: Com sua crítica, elas podem ajudar a purificar as imagens de Deus excessivamente ingênuas e podem ser vistas como uma "experiência religiosa" especial, como "experiência da Sexta-feira Santa" da *morte de Deus*, como vivência do caráter oculto de Deus e da transcendência radical etc. A fé cristã amadurecida pode "abraçar" esses tipos de ateísmo, integrar sua "verdade incompleta", demonstrar no diálogo com eles que também a fé atravessa momentos semelhantes de "noites escuras". Meus leitores já encontraram muitas reflexões sobre esse tema neste livro e em livros anteriores.

Existem, porém, também tipos completamente diferentes de ateísmo; existe também uma irreligião radical e existencial que realmente representa um pecado contra Deus. O oposto dessa irreligião

---

84. Cf. NIETZSCHE, F. *Also sprach Zarathustra*. 2ª parte: Die stillste Stunde.

não é a fé (a fé como convicção), mas o amor – ou seja, uma fé vinculada ao amor a Deus.

Há muitos anos fico fascinado com uma definição de amor atribuída a Santo Agostinho: *amo: volo, ut sis*, eu amo, isso significa: Quero que sejas[85]. Tentarei mostrar que podemos aplicar essa "fórmula" tanto ao amor por uma pessoa quanto ao amor por Deus. Aquela irreligião que mencionei acima é seu oposto – pois ela diz a Deus: Quero que não sejas.

Pretendo partir aqui da situação daquelas pessoas às quais este livro se dirige em primeira linha, ou seja, daquelas que, em sua reflexão sobre Deus, retornam sempre de novo àquele humilde *"Nós não sabemos"* (como já mencionei, nessa máxima consideração pelo mistério, certo tipo de agnosticismo se encontra com certo tipo de fé). Quando a nossa razão (ou melhor, a racionalidade moderna) nos deixa nessa incerteza, podemos fazer uma pergunta simples, mas fundamental a nós mesmos: *Quero que Deus seja, ou quero que ele não seja?*

Essa pergunta exige uma resposta da maior profundeza do nosso coração, do fundamento do nosso ser. Talvez a resposta a essa pergunta seja muito mais decisiva do que nossas respostas às perguntas que as pessoas nos fazem sobre a *nossa opinião* em relação à pergunta se Deus é ou não. Quando uma pessoa responde que ela *não sabe* se Deus é e como ele é, isso não significa que ela precise en-

---

85. J.B. Lotz cita essas palavras de Agostinho de um discurso de Heidegger em homenagem a L. von Ficker; mas ele acrescenta que não conseguiu identificar a fonte original (cf. LOTZ, J.B. *Allein die Liebe macht sehend*. Leipzig, 1989, p. 86, anotação 83). Eu também não consegui – a despeito de muitas consultas junto a estudiosos especializados na obra de Agostinho – encontrar a fonte original; portanto, sugiro que essa afirmação seja citada como *"atribuída a Santo Agostinho"*.

cerrar sua reflexão sobre Deus. Ela ainda pode fazer outra pergunta a si mesma: *Anseio* por Deus? Quero que ele seja?

Deus não nos é dado como simples fato entre outros fatos, como objeto entre outros objetos; Deus é um mistério acessível apenas à fé, à dádiva da graça. A fé é infinitamente mais do que o reconhecimento da existência divina na base da reflexão lógica sobre a obra da criação, da qual fala o Apóstolo Paulo, mas também o dogma do Concílio Vaticano I, que defende a competência da razão contra um fundamentalismo bíblico e um fideísmo determinado exclusivamente pelo sentimento. Um anseio, um desejo é certamente muito mais próximo à essência da fé do que uma mera "convicção", do que nossas simples opiniões. Aquele *quero* não expressa "um mero desejo" nem apenas um "sentimento", mas um *consentimento existencial*.

Por isso, a pergunta se um ser humano quer em sua essência e na profundeza de seu coração que Deus seja pode ser feita tanto àqueles que *acreditam* que Deus não é quanto àqueles que *acreditam* que ele é; e evidentemente também àqueles que sabem que nada sabem. Uma *convicção* é produto da mera razão, um *consentimento*, porém, resulta de uma profundeza maior, do *fundamento* (do *self*), daquele centro do *espírito de fineza* (*l'esprit de finesse*), como Pascal chamou o coração[86].

Escrevi já na introdução a este livro: Também aquele para o qual a resposta à pergunta como Deus é e o que significa que "Deus é" se dissolve numa nuvem de incerteza pode penetrar essa nuvem com a flecha de uma paixão profunda: Essa sede de Deus do coração humano (que pode estar escondida na sede de sentido, de amor, de verdade e de justiça) avança em direção ao coração de Deus com uma certeza maior do que o consentimento puramente racional por meio da razão aos artigos definidos da fé. A fé que é impregnada e vivificada pela paixão do amor significa um "sim" não só às afirma-

---

86. Repito que nem o conceito de "coração" de Pascal (nem o de Agostinho ou o da Bíblia) seja confundido com uma mera emocionalidade; não se trata aqui de algo "sentimental"!

ções sobre Deus, mas ao próprio Deus. Ela é a resposta do ser humano como um todo, de toda a existência humana ao "sim" divino a nós – é uma palavra ardente do amor, não uma afirmação de um juízo frio e abstrato.

Existem "incrédulos" que sempre encontram algo que os impeça de se considerarem "fiéis", mas que, apesar de tudo, anseiam em sua essência que Deus seja – e existem "fiéis" que acreditam na existência de Deus, mas cuja fé em Deus, na forma em que eles o imaginam (muitas vezes em decorrência de uma educação religiosa perversa), lhes causa tantas dificuldades que seu maior desejo é que *Deus não seja*.

Evidentemente, a presença de Deus não pode ser "evocada" por meu querer; este seria o *Deus como projeção dos nossos desejos* de Feuerbach ou Freud, "nada mais do que" um desejo. O querer do qual falamos aqui não é uma "aspiração", não é um desejo (*concupiscentia*), trata-se antes de um *anseio* existencial do coração. Se eu ansiasse por Deus para que o "possuísse" e usasse para os meus fins, para a realização dos meus desejos e das minhas "necessidades psicológicas", estaríamos lidando com magia, ou seja, com o oposto da fé, ou com uma ambição egoísta, com o oposto do amor. O amoroso *quero é um ato consciente da abertura de um espaço da minha liberdade*, no qual quero que Deus seja Deus.

Sim, Deus é totalmente independente do meu querer ou não querer. Seu respeito pela dádiva da liberdade, deste maior presente com o qual ele agraciou a nossa natureza, significa, porém, que sua presença explícita em minha vida (meu encontro com ele na fé e a permanência com ele no amor) exija aquele "eu quero". Deus não quer invadir o nosso coração de forma violenta como um visitante indesejado. Ele quer entrar pelo portão da liberdade, pelo portão do amor que anseia. Na linguagem dos místicos: O próprio Deus anseia nosso anseio.

Talvez muito se esclareça se aplicarmos a definição agostiniana do amor ao amor ao próximo. Também aqui o meu amor diz ao amado: Quero que sejas. Também aqui torna-se evidente que essa afirmação não expressa uma dúvida referente à existência do amado; sua existência é evidente para mim, e posso convencer-me de sua existência com os meus sentidos. Expresso com essa afirmação o meu consentimento essencial à sua existência, *a minha alegria diante do fato de que ele é*. Eu não só constato sua existência, mas a vivencio com gratidão como parte essencial e enriquecedora da minha vida. Sem ele, meu *eu* deixaria de ser completo; sem ele, meu mundo seria ermo, vazio e triste.

No amor, eu abro dentro de mim um espaço seguro para a pessoa amada, um espaço em que ela pode ser si mesma de forma completa e livre. Ela não precisa fingir ser outra pessoa na minha presença, não precisa me enganar nem conquistar o meu amor com seu desempenho. E mais: É apenas nesse espaço seguro do amor que uma pessoa pode se *tornar* aquela pessoa que, até agora, ela só tem sido em potencial. Apenas agora ela pode realizar suas melhores possibilidades, que, sem o amor, murchariam, secariam e morreriam ainda antes de brotar.

Estou feliz pelo fato de você existir, por ter encontrado você, alegro-me com o milagre do amor, quero que a pessoa amada continue comigo. Sim, desejo estar com você para sempre. A afirmação agostiniana "Amar significa: Quero que sejas" nos leva a outra sentença, a uma definição maravilhosa de Gabriel Marcel: "Amar alguém significa dizer-lhe: Você não morrerá".

Sim, essas duas "definições do amor", estranhas à primeira vista, conectam o amor com sua fonte transcendental misteriosa e com sua meta: a eternidade. O amor verdadeiro sempre contém em si a sede da eternidade.

Quero que Deus não seja – isso não é um "ateísmo entriste-cido" (eu gostaria de acreditar, mas não consigo porque existem guerras...), nem um ateísmo positivista ingênuo (a ciência não conseguiu localizar Deus, o céu está vazio), nem mesmo um ateísmo anticlerical militante que é alérgico à Igreja e ao comportamento dos fiéis. Quero que Deus não seja – este é um ateísmo que é agressivo de outra forma, agressivo não só em relação à Igreja e à religião, mas em relação ao próprio Deus: Deus *não pode* existir. Esse ateísmo "postulatório" ecoa no famoso dito de Nietzsche: Se os deuses existissem, como eu suportaria não ser um deus!

Sim, por trás das respostas "não quero que Deus seja", quero que Deus não seja" ou "Deus não pode existir" se escondem muitas posturas com motivações diferentes. A motivação mais frequente para uma rejeição de Deus resulta quando uma pessoa tem uma imagem de Deus que lhe é psicológica ou moralmente inaceitável (p. ex., a ideia de um educador obstinado e castigador, vinculada a traumas da infância ou de uma educação religiosa equivocada). Essa pessoa rejeita *esse tipo* de Deus e o faz com todo direito, pois essa rejeição favorece sua saúde psíquica e espiritual. Na era do Iluminismo, fascinada com o ideal da emancipação do ser humano, a ideia de um monarca celestial patriarcal foi rejeitada em nome da liberdade humana; agora que conhecemos os patriarcas de famílias e também os monarcas políticos absolutistas apenas de narrativas, parece-me que essa concepção de Deus (e, portanto, o medo dela) se tornou rara. A despeito disso, deparo-me constantemente com sua forma mais sutil e refinada, com um Deus que tortura o ser humano com uma consciência pesada. O cristão pode determinar a medida em que essa concepção é patológica e anticristã com um exercício tradicional de penitência: Se, mesmo após uma confissão sincera de sua culpa e daquilo que levou a ela diante de Deus no ato da penitência e na aceitação da promessa do perdão divino (daquela promessa que representa o núcleo do evangelho), a consciência continuar pesada e atormentada, essa pessoa pode ter certeza de que esses sentimentos não representam uma voz divina e que ela não deve levá-los a sério. Esse conselho provado provém dos padres do deserto e foi reinserido, pela mediação dos confessores sagrados, nas recomendações pastorais do nosso tempo, que são confirmadas pelas descobertas da psicologia e pedagogia atual.

Nos pensamentos de muitos incrédulos, o conceito de Deus não é uma "gaveta completamente vazia"; não podemos afirmar que eles não sabem ao que o conceito se refere. Eles têm alguma noção (mesmo que talvez difusa) daquilo que eles rejeitam. Um ser humano que, em seu interior, possui uma concepção de certo modo obscura de Deus deseja, compreensivelmente, que "Deus não seja" – às vezes, simplesmente porque ele não sabe o que fazer com esse fantasma que ele imagina por trás do conceito de Deus. Em todos esses casos, nós, como crentes, conseguimos compreender essa postura; nós também não queremos que *esse tipo de Deus* exista e que Deus seja assim.

A pergunta por Deus não pode ser respondida de forma meramente racional, mas existencial. Quando refletimos sobre ela, abandonamos o "território neutro", e nossa resposta a ela não é construída como uma casa num campo aberto: Normalmente, nós já respondemos a ela em algum momento do passado nas profundezas inconscientes de nossa existência, antes de formulá-la de modo teórico e explícito.

No entanto, não podemos oferecer desculpas para todos que negam a Deus, que eles só estariam recusando uma caricatura de Deus. Pessoas que seguem o caminho da insolência e vivem numa mentira da vida já se decidiram de antemão: Elas precisam acreditar na não existência de Deus[87]. A negação de Deus pode – como já sabia Nietzsche – ser uma "vingança contra a testemunha"[88]. Existem pessoas que (muitas vezes de modo inadmitido) *querem que Deus*

---

87. Robert Spaemann expressou uma percepção semelhante (cf. SPAEMANN, R. *Das unsterbliche Gerücht*. Stuttgart, 2004, p. 17).
88. NIETZSCHE, F. *Also sprach Zarathustra*. 4ª parte: Der hässlichste Mensch.

não seja, simplesmente porque não querem que existam uma ordem moral e leis éticas fundamentais que se fundamentam na fé em Deus. Se Deus existisse e *todo* o Decálogo (inclusive os primeiros mandamentos) tivessem validade, seu estilo de vida seria condenável, elas deixariam de ser "maravilhosamente bem-sucedidas" e passariam a ser simplesmente pessoas más. Se Deus existe, o sucesso não é um deus, então o poder e o dinheiro e todos os outros poderes do mundo não têm a última palavra; se Deus existe, valores diferentes daqueles que costumam ser prezados pelas pessoas passam a ter peso. Reza a lenda que o papa, ao receber a notícia da morte do Cardeal Richelieu, caiu em um longo silêncio, para então comentá-la com estas palavras: "Se Deus existe, o senhor cardeal precisa justificar muitos de seus atos; se Deus não existe, ele levou uma vida extraordinária".

Todos que praticam o mal odeiam a luz e não vêm para a luz, diz o evangelho de São João. Dostoiévski aponta para a mesma direção quando escreve: "Se Deus não existe, tudo é permitido". Já escrevi muito sobre possíveis motivações subjetivamente sinceras de muitos ateus. Não neguemos, porém, que existem também pessoas cujo *"não" existencial em relação a Deus*, cujo anseio por que Deus não exista, resulta do medo da luz, na qual elas seriam obrigadas a reconhecer a verdade desagradável sobre si mesmas, do medo da voz que despertaria sua consciência que elas anestesiaram. Talvez exista também uma piedade de algumas pessoas religiosas que se fundamenta no medo; é incontestável, porém, que existe um ateísmo que é ditado pelo medo.

Algum tempo atrás, quando escrevi sobre uma atriz e funcionária comunista falecida que eu acredito que, agora, ela deve estar surpresa ao descobrir que Deus existe e que eu lhe desejo sinceramente que esta seja uma surpresa agradável, visto que Deus é a própria misericórdia e o amor ilimitado, recebi inúmeras cartas cheias de ódio: Como o senhor se atreve a dizer que Deus existe? Se esses ateus tivessem certeza de seu ateísmo, eles simplesmente me ignorariam e descartariam minhas palavras e a minha fé como uma tolice ingênua; à medida, porém, que minhas palavras os enfureceram me revelou que eles não têm tanta certeza de suas convicções e que o fato de alguém acreditar num juízo divino após a morte os deixa aterrorizados. Alguns desses ateus aparentemente tão consequentes não hesitaram em desejar que eu ardesse no inferno por toda a eternidade; outros me garantiram – de modo não completamente lógico – que, após a minha morte, eu terei uma surpresa terrível ao descobrir que, depois dessa vida, não existe absolutamente nada.

Citei exemplos de um ateísmo talvez um pouco grotesco. É, porém, possível que alguém saiba no fundo de seu coração que Deus é, mas mesmo assim *queira que ele não seja*. Sim, também essa "irreligião radical" é imaginável, mesmo que sejamos capazes de refletir sobre ela apenas em teoria e precisemos ter cautela quando somos tentados a atribuir essa postura a uma pessoa concreta. Creio que existam sobretudo duas formas dessa rejeição de Deus: a rebelião demoníaca e o desespero.

As tradições cristã e judaica atribuem a fonte extrema e origem da *rebelião demoníaca* à "rebelião dos anjos", àquele orgulhoso *"Non serviam"* (Não servirei) que a boca de um ser primordial espiritual perfeito lança contra Deus. O eco dessa rebelião é o "pecado primordial", a desobediência de nossos pais originais no paraíso: Seduzidos pelo demônio, eles se recusam a confiar em Deus, em sua palavra e em sua vontade, eles desejam ser "iguais a Deus, discernir entre o bem e o mal" – ocupar *de facto* o lugar de Deus e decidir – sem Deus e contra Deus – o que é bom e o que é mau. Essa é a versão teológica tradicional da resposta à pergunta pela origem do mal.

Em termos psicológicos, a ratificação daquele "pecado primordial" consiste no orgulho narcisista, numa inflação do ego, na arrogância de querer ser Deus, na ambição de ser senhor sobre a vida sem qualquer consideração pelo ambiente e pelos outros. A deificação da própria verdade e dos próprios grupos, o desrespeito social, a exploração e a manipulação inescrupulosa da natureza são apenas alguns aspectos dessa postura. "Nós ordenamos ao vento quando ele há de soprar; e à chuva quando ela há de cair", cantavam os comunistas na minha juventude; a minha pátria, a República Tcheca, mesmo após mais de duas décadas, ainda não se recuperou completamente daquela tentativa de reger a natureza, a história e as almas humanas.

No fim das contas, Deus é o único obstáculo do "sucesso" estratégico desse projeto autodestruidor, que destrói no ser humano a imagem divina e na natureza a maravilhosa sinfonia da criação. Se Deus é Deus, o ser humano não pode ser Deus. (E vice-versa: "Deus só pode ser Deus se ele não é você", como observa Menachem Mendel, o rabino chassídico de Kotzk[89].) Por isso, a expressão mais sombria e mais profunda desse pecado primordial de "querer ser como Deus" – que se repete constantemente na história humana – é o *desejo de que Deus não seja*.

No sentido mais amplo, o desespero é a segunda expressão dessa rebelião. Muitas vezes, é o segundo e último ato daquela arrogância trágica de querer ser Deus que segue ao reconhecimento brutal de que esse desejo é fadado a fracassar. Uma reação feliz a esse fracasso e uma expressão saudável dessa perda do orgulho é o processo curador da penitência. A reação trágica é o desespero. Essa substitui a busca de Deus pela busca fatídica de si mesmo. Às vezes, o desespero pode ser confundido com uma doença comum do nosso tempo, a depressão. Em alguns casos, esses dois fenômenos podem ocorrer juntos e se sobrepor um ao outro, no entanto, eles são completamente diferentes em sua natureza: Uma depressão é uma doença, o desespero é um pecado.

Existe um desespero humano (que pode ser descrito psicologicamente) como reação a muitas tragédias na vida; esse desespero

---

89. Citado segundo: KUSHNER, L. *God Was in This Place & I, I Did Not Know*: Finding Self, Spirituality and Ultimate Meaning. Woodstock, 1993.

precisa ser levado a sério, porque pode levar a uma crise psíquica e ao suicídio. Mas aquele desespero que representa a rejeição do convite à conversão é algo diferente, mais profundo e mais assustador. Temo que, sob a máscara do "entretenimento" onipresente em nossa civilização, se escondam uma falta de alegria, um tédio, uma depressão e, não raramente, também esse desespero espiritual que Kierkegaard identificou como "doença para a morte".

Talvez aqueles que acreditam firmemente na existência de Deus, que herdaram suas certezas religiosas de seus antepassados, que nasceram num ambiente em que as absorveram juntamente com o leite materno ou que alcançaram essas certezas pela via da conversão pessoal achem que esse anseio por Deus, aquele "quero que sejas" não tem mais importância para eles. Talvez considerem estas reflexões como úteis para iniciantes, que ainda estão à procura, que ainda se encontram na antessala da fé, enquanto eles mesmos já avançaram e já receberam sua recompensa, i.e., um lugar seguro no interior do santuário da Igreja e da fé.

Discordo profundamente dessa concepção de religião. Uma fé que acredita não necessitar mais da chama do anseio é fria como um cadáver; uma fé que acredita não precisar mais avançar no caminho da busca e das perguntas está como que paralisada. Quando uma convicção religiosa deixou de incluir um consentimento passional, quando aquele "eu sei que és" deixou de ser vivificado pelo anseio do amor, por aquele "eu quero que sejas", a fé se transforma em ideologia. Ela perde assim seu tempero salgado inconfundível, ela não serve mais para nada, ela é jogada no lixo e pisoteada pelas pessoas[90]. E estas o fazem com frequência e com prazer (e com todo direito)!

---

90. Cf. Mt 5,13.

Repito: Aquilo que decide se eu *realmente* e existencialmente sou um crente ou um incrédulo, se eu estou aberto para Deus e seu amor ou se estou preso num amor próprio equivocado não é o que *penso* sobre a existência de Deus, mas se *quero* ou *não quero* em meu íntimo que Deus seja. Deus não depende disso; mas minha salvação evidentemente sim.

6

Proximidade divina

Já aludimos a algumas respostas à pergunta sobre onde e como podemos encontrar a proximidade de Deus após tempos de distanciamento dele (na história das culturas ou na própria biografia da busca espiritual). Deus está presente em nossa paciência, na paciência da fé, do amor e da esperança, diante do silêncio divino e diante da impaciência dos ateus, dos fundamentalistas religiosos e dos entusiastas[91].

Deus já está presente em nosso anseio por ele: Esse anseio é, na perspectiva teológica, uma dádiva, uma expressão da graça: "Porque é Deus que realiza em vós o querer e o fazer, conforme a sua benevolência", escreve o Apóstolo Paulo (Fl 2,13). Alguns místicos cristãos e rabinos judaicos gostam, sobretudo em comentários sobre o Cântico dos Cânticos, de desenvolver o pensamento de que *toda* a nossa busca, *todos* os nossos anseios seriam, sem que nos déssemos conta disso, uma resposta à busca amorosa de Deus por nós.

Agostinho dá um testemunho passional disso em suas *Confissões*: Procurei porque antes fui procurado; procurei Deus de todas as maneiras possíveis em todos os lugares possíveis, mas enquanto eu

---

91. Desenvolvi esse pensamento sobretudo em meu livro *Geduld mit Gott* (Freiburg, 2014).

estava lá fora, ele já estava dentro, no meu interior. "Não fostes vós que me escolhestes, mas fui eu que vos escolhi", diz Jesus.

Mas também aqui vale o que ressaltou Tomás de Aquino: *Quidquid reciptur ad modum recipientes recipitur*[92] – também os modos do anseio por Deus e da busca de Deus dependem da natureza e das condições subjetivas da pessoa individual, inclusive da cultura em que ela vive e da língua em que reflete. Eles podem ter o caráter de uma paixão por sentido, amor e verdade; creio que podemos esperar também dessas formas da paixão, onde quer que as encontremos, que elas sejam uma reação instintiva àquela proximidade divina transitória e esperada sobre a qual lemos no último livro da Bíblia: "Já estou chegando e batendo à porta" (Ap 3,20).

No entanto, não podemos nos esquivar da pergunta cética se não estaríamos misturando aqui coisas humanas e coisas divinas. O nosso esforço de encontrar Deus no humano não nos levará a encontrar justamente o humano, o demasiadamente humano em nossa compreensão de Deus? Nosso anseio por Deus não corre o perigo de, no êxtase dos nossos sentimentos, transformarmos Deus em uma tela sobre a qual projetamos os conteúdos dos nossos desejos, sonhos e fantasias? Esse anseio não precisa ser submetido a algum tipo de teste que confirme sua autenticidade?

Quando preparo um casal de noivos para o matrimônio, eu lhes faço uma pergunta que considero fundamental: Seu relacionamento está na fase da paixão ou do amor? A paixão é certamente uma linda fase da vida. Mas ela se vê ameaçada pelo perigo de amarmos aquilo no outro que (muitas vezes) compõe a nossa imagem de um parceiro ideal. É um "relacionamento transferido", a projeção de uma parte de nós mesmos sobre o outro. Um casamento firmado nessa fase

---

92. Tudo que é percebido é percebido ao modo daqueles que percebem.

poética, mas ainda imatura do relacionamento, pode terminar numa decepção amarga mútua de dois parceiros, com um castigo vitalício recíproco porque o outro não cumpriu as expectativas do outro. Algo semelhante ameaça também os convertidos: A paixão por Deus e a Igreja precisa ser confrontada com a realidade e passar por aquela crise que esse confronto costuma provocar. Sobretudo nos dias de hoje, a desilusão da imagem idealista da Igreja não costuma demorar[93] (hoje em dia, porém, ela não provoca mais o grande abalo que isso provocava antigamente. Pois uma pessoa que se torna membro da Igreja nos dias de hoje já está preparada para o pior, graças às mídias e suas avaliações; normalmente costuma ocorrer o contrário, i.e., muitas vezes ela constata com certo alívio que o ambiente eclesiástico não é tão terrível quanto é descrito por algumas mídias e como uma maioria das pessoas de fora o imaginam). Essas concepções idealistas existem não só sobre a Igreja como instituição, mas também sobre a vida espiritual, e também estas precisam atravessar a frustração de expectativas exageradas[94].

Nosso presente ainda está marcado pelo eco daquela grande revolução cultural provocada pela popularização da psicanálise e da psicologia humanista, que derrubou as barreiras das convenções sociais tradicionais e liberou as emoções e as "energias da libido". Muitas pessoas ainda confundem autenticidade com uma espontaneidade emocional e consideram a intensidade de uma vivência emocional o critério principal para a avaliação de um evento em sua vida.

Esse deslocamento caracteriza de modo fatídico a compreensão do conceito "amor". A confusão do amor com uma mera vivência emocional teve consequências trágicas para o casamento e para a vida espiritual. Muitas pessoas ficam tão fascinadas com as flores

---

93. Por isso eu recomendo aos convertidos como leitura obrigatória o livro genial de C.S. Lewis, *The Screwtape Letters* (Londres, 1942).

94. Aqui, a obra de João da Cruz deveria ser leitura obrigatória, ou, como alternativa, algum livro que ofereça uma introdução à prática da vida espiritual, como, p. ex., UGEUX, B.B. *Retrouver la source intérieure*. Paris, 2001.

que a decepção é grande quando precisam fazer a experiência de que as flores murcham e ainda não podem desfrutar das frutas. "Não sinto mais nada por ela" – essa descrição um pouco exagerada do desenvolvimento natural de um relacionamento da fase romântica da paixão para o realismo do dia a dia se torna a desculpa explicativa após o fim do casamento ou após a morte de um relacionamento. "Eu não posso me forçar a orar se nada sinto durante a oração." Essa é uma desculpa falsa muito semelhante para o fracasso da fidelidade e da paciência no caminho do amadurecimento espiritual. Onde as pessoas podem ainda experimentar que crises não são sinais para a resignação e para um "sofrimento" passivo, mas o desafio para uma reação criativa, um convite para se aprofundar ainda mais?

O amor entre dois parceiros precisa necessariamente sair do paraíso da magia romântica da primavera e se arraigar no dia a dia; somente assim podem experimentar o retorno para aquele paraíso como um presente refrescante de um dia de festa. O amor entre duas pessoas precisa desse arraigamento, desse contato com a "terra". O anseio ingênuo de viver um feriado infinito levará necessariamente para o tédio e o esfriamento; apenas quando nos acomodamos no dia a dia esse feriado recebe um sentido como retorno frequente e renovador para as raízes do amor comum.

Milan Kundera descreveu esse anseio por uma vida igual a um eterno dia de sol sem rotina, essa doença típica do nosso tempo, em seu livro *A insustentável leveza do ser*. O protagonista desse livro, que em certos círculos se tornou um romance *cult*, me parece uma ilustração daquela abordagem àquela forma de vida que hoje muitos chamam de "pós-moderna"; Kierkegaard descreveu essa fase da vida como "estética" e escolheu o Don Juan como arquétipo desse estilo de vida. Uma pessoa estética vive na superfície, está fascinada com o jogo das ondas na superfície, mas nunca ousa mergulhar nas profundezas do mar. Don Juan (como Tomas de Kundera) troca suas parceiras e experiências; ele mesmo, porém, nunca muda; sua vida é um retorno constante do mesmo. Mas o título do livro de Kundera já indica qual é a mensagem que ele quer transmitir para o leitor: Essa *leveza* é insustentável. Vladimir Holan, outro poeta tcheco, expressa isso de modo um tanto surpreendente e drástico e não muito poético, mas de forma sucinta e certeira: "Ser não é fácil [...], fácil só é a diarreia"[95].

Conheci em minha própria prática psicoterapêutica e confessional os impostos que o ser humano paga por aquela "leveza" de uma vida na superfície, por aquela "vida não autêntica no espairecimento", para usar as palavras de Heidegger. "Taxas" frequentes desse tipo são depressões, é uma frustração em decorrência da necessidade de sentido e um ancoramento mais profundo, e o medo de uma consciência forçosamente recalcada da transitoriedade e vaidade dessa forma de vida, o medo de uma queda definitiva naquele "nada" sobre o qual esse tipo de vida se ergue e que se mostra de vez em quando a despeito de todo entretenimento. Sim, essa vida, esse "nada" construído sobre a areia – ou seja, o oposto exato no nada de Eckhart – é, no fim das contas, entediante, vazio e insuportável.

Ao refletir sobre um possível remédio contra a insuportabilidade dessa leveza, lembrei-me de uma declaração de São Paulo: "O amor tudo suporta". No Novo Testamento, o amor não é percebido como um sentimento embriagador de um encanto erótico, mas como uma força maravilhosa que "tudo suporta" – também aquele fardo real da vida, do qual as pessoas se refugiam na ilusão da leveza.

Freud desmascarou a religião como ilusão, como tentativa de escapar da dureza da vida, como fuga para o mundo da fantasia que realiza os desejos profundos, mas irrealistas daquelas pessoas que se recusam a amadurecer. Certamente existem formas de religião que correspondem a esse diagnóstico de Freud. Mas hoje em dia essa análise de Freud pode ser aplicada de modo muito melhor ao tipo amplamente difundido de um niilismo ateísta que produz aqueles paraísos pós-modernos na terra, aqueles parques da "leveza

---

95. HOLAN, V. "An die Feinde". In: *Divoké víno*, 7, 1968.

do ser" que, à primeira vista, são tão encantadores, mas que, na verdade, são insuportáveis.

Será que o cristianismo consegue oferecer um caminho que nos afasta dessa leveza ilusória e nos ensina a suportar o peso e toda a verdade da vida? E se este caminho é o amor, como lemos nas Escrituras Sagradas, como devemos imaginar esse "amor cristão", aquele amor sobre o qual os cristãos afirmam que ele é idêntico àquilo que costumamos designar com a palavra "Deus"?

Se quisermos encontrar uma resposta a essa pergunta, precisamos lembrar o que Jesus respondeu à pergunta sobre o maior mandamento na Lei – e precisamos nos lembrar da resposta inteira: "Amarás o Senhor teu Deus de todo o coração, com toda a alma, com todas as forças e com toda a mente, e o próximo como a ti mesmo" (Lc 10,27).

Jesus vincula o amor a Deus essencialmente com o amor ao próximo. E é justamente assim que ele o "ancora na terra", é assim que ele se arraiga na realidade cotidiana da vida. Quando queremos nos perder na sentimentalidade romântica de um "amor celestial", encontramos um próximo na nossa porta. Às vezes ele aparece na hora errada, como o homem assaltado na Parábola do Bom Samaritano, que incomoda os viajantes que passam por ele; que atrasa as pessoas que acabam de sair do templo onde cumpriram suas obrigações religiosas[96]. Com essa parábola, que, no evangelho de São Lucas, segue imediatamente ao mandamento duplo do amor e que o completa e explica, Jesus ensina que um caminho cuja pressa religiosa nos leva a ignorar as dores e as necessidades do próximo não pode levar a Deus.

---

96. Cf. Lc 10,30-36.

Ao ligar o amor a Deus à "terra", Jesus o submete a uma prova de autenticidade. De certo modo, ele rebaixa o nosso relacionamento com Deus ao nível da terra. Para ele vale já aqui e agora: "Assim na terra como no céu".

Jesus não oferece um projeto ideológico, nenhuma reconstrução revolucionária da sociedade humana com o objetivo de erguer o "céu na terra" por meio do poder humano; já vivenciamos um número suficiente desse tipo de experimentos trágicos. Inegavelmente "revolucionário" é, porém, seu ensinamento de que o "céu" (Deus, que parecia tão distante) já está aqui – e que ele está aqui no próximo. Eu posso vivenciá-lo no relacionamento com um ser humano para o qual eu me torno o próximo. "O inferno são os outros" – Sartre coloca essas palavras na boca de uma das figuras de sua famosa peça *Huis clos*. "O céu são os outros", diz Jesus.

Quando você oferece ao próximo um amor afetuoso, empático e prático, você já experimenta o "céu". *Deus não é um oposto*, havíamos dito. Mas o próximo é um oposto – e quando dou um passo de amor em sua direção, Deus está em nosso meio nesse amor. O Reino de Deus já está em vosso meio, diz Jesus às pessoas que voltam seu olhar religioso para a distância, para além do horizonte deste mundo e desta história.

Um "amor a Deus" separado do amor solidário, prático e oblativo pelas pessoas é, segundo o Novo Testamento, apenas hipocrisia. "Se alguém disser: 'Amo a Deus', mas odiar o seu irmão, é mentiroso. Pois quem não ama o seu irmão, a quem vê, não pode amar a Deus, a quem não vê" (1Jo 4,20). Aqueles que correm para o templo sem antes se reconciliarem com seu irmão e sem reconhecerem um irmão no "ferido à beira da estrada" são chamados por Jesus para que saiam do beco sem saída de sua religiosidade desumana: A fumaça que sobe de seus sacrifícios não sobe até Deus, suas orações não são ouvidas por Deus.

A fé já está implicitamente contida nos atos de amor e pode se manifestar neles, enquanto uma mera fé (também a fé declarada, "explícita") sem essa dimensão é morta, como afirma o Apóstolo Tiago[97] e o que já lembramos acima com as observações sobre a *fé implícita*. Um amor solidário ao próximo, sobretudo aos "menores", necessitados, sofredores, enfermos e perseguidos, *implica*, segundo as palavras de Jesus, o amor a ele – *esse amor* pode até ser encontrado na vida daqueles que não o reconheceram[98].

Onde encontramos a proximidade de Deus? A essa pergunta podemos então responder, sem qualquer dúvida e no espírito do duplo mandamento do amor: No próximo, no amor ao próximo.

Essa resposta não é, porém, sem dificuldades: Não dissolvemos assim o cristianismo num mero humanismo? A fim de evitar um naufrágio nessas águas rasas, precisamos nos ocupar com o legado de dois pensadores: com as obras de Ludwig Feuerbach e Emmanuel Lévinas, dois filósofos que, de modos muito diferentes, refletiram sobre a dimensão religiosa do amor interpessoal. O primeiro o fez como progenitor do humanismo secular, que se tornou acompanhante de muitos (inclusive Marx e outros "hegelianos da esquerda") no caminho para o ateísmo; o segundo, como filósofo judeu moderno, que inspirou muitos pensadores pós-modernos para um novo caminho da reflexão filosófica sobre Deus.

Feuerbach foi o arquiteto-chefe do templo do deus-homem do humanismo moderno. Prometeu que o ser humano seria o deus do ser humano. Em sua opinião, havia, porém, uma condição para a realização desse ideal: a eliminação de Deus.

Feuerbach se via como "herdeiro do cristianismo" (outras vezes, como um "novo Lutero"), e ele descreveu sua filosofia ateísta como *transferência* radical da mensagem cristã para o ser humano

---

97. Cf. Tg 2,17.
98. Cf. Mt 25,31-46.

moderno[99]. Sua intenção ambiciosa era "aperfeiçoar e superar" o cristianismo: Por isso, a teologia precisava necessariamente ser anulada e reduzida à antropologia! Feuerbach sugere uma hermenêutica totalmente nova da língua religiosa no espírito do humanismo secular; ele busca transferir as afirmações religiosas para a linguagem humana. A sentença "Deus nos ama" significa na realidade apenas: O *amor é divino*. Feuerbach adverte os ateus a não "despejarem a criança com o banho": Eliminemos o substantivo "Deus", mas preservemos seus atributos: o amor, a misericórdia, a filantropia, o perdão, a bondade – estes são *divinos*. Mas a partir de agora, Deus é o ser humano esclarecido.

O "Deus externo", o "Deus celestial", é apenas uma projeção humana – o ser humano projetou a própria "natureza de sua espécie" sobre o céu e assim se privou dela. Ele empobreceu e se alienou de si mesmo. Segundo Feuerbach, Deus, a projeção do ser humano, sua própria parte alienada, limita e ameaça o ser humano se este o considerar real. A cada *expiração* (o envio da dignidade humana para as esferas celestiais) segue a *inspiração*: O ser humano precisa devolver o céu à terra e Deus a si mesmo. Após a abolição da religião e após sua transformação em um humanismo terreno, o ser humano deixará de ser o lobo do ser humano e passará a ser o deus do ser humano! Trata-se do "paraíso terreno para o olho" – como o formula pateticamente o hino nacional da República Tcheca!

Como tudo indica, o experimento ateísta não traz, porém, os resultados esperados. Consequências fatais tiveram sobretudo aquelas tentativas de realizar a terapia de alienação de Feuerbach, ou seja, *a inserção de Deus no ser humano*. Hoje em dia, o ser humano ocidental não tem problema nenhum com um Deus que competisse com ele e assim o prejudicasse, mas ele tem um problema com

---

99. Essa posição foi defendida também pelo representante tcheco de uma filosofia dialógica, Milan Machovec (cf. MACHOVEC, M. & ZD'ARSKÝ, P. *Hovorys Milanem Machovcem*. Praga, 2008).

aquele *ego que cresce descontroladamente, crescimento este que foi a consequência desse rebaixamento da divindade para a terra.*

Pois: Também uma divindade que foi rebaixada para a terra permanece um *"mysterium tremendum et fascinans"*[100], algo que se esquiva de nosso controle, que se apodera de nós, que nos extasia ou abala. O problema seria, portanto, este: *O que fazer com essa divindade* da qual nós nos apropriamos? Os seres humanos a projetaram aos poucos sobre ideias: sobre a nação, sobre a raça, sobre o líder, sobre a classe de operários eleita pela história, sobre o partido, sobre a sociedade do bem-estar, sobre a "mão invisível do mercado", que tudo ordena; ou reconheceram nela um demônio poderoso e misterioso desta ou daquela conspiração ou ameaça global.

Domar a divindade raptada não é tão fácil quanto imaginava o Prometeu venerado por Marx; trata-se de um fogo perigoso e indomável com o qual não deveríamos brincar. Quantos dos incêndios que voltam a destruir nosso planeta sempre de novo não foram ateados pelas pretensões divinas de indivíduos ou grupos, causados por projeções de uma divindade rebaixada do céu e encarnada nos mais diversos valores, ideias e ideologias terrenos!

"O Deus transferido para o ser humano" não cura e enriquece, mas deforma a natureza do ser humano. Hoje em dia, podemos constatar essa "intoxicação divina" naqueles ateus que se renderam à adoração religiosa de valores terrenos, à absolutização do relativo[101]. Quando o homem se transforma em Deus, isso não faz da terra um paraíso. Pelo contrário: Um ser humano divinizado pode se transformar em deus concorrente para outro deus-homem; assim como entre os deuses antigos existiam mais brigas, conflitos e guerras do que circunstâncias paradisíacas. Não conheço as circunstâncias no

---

100. Cf. OTTO, R. *Das Heilige*: Über das Irrationale in der Idee des Göttlichen und sein Verhältnis zum Rationalen. Breslau, 1917.

101. Refiro-me aqui ao livro *Gottesvergiftung*, de Tilmann Moser (Frankfurt, 1976), que exerceu uma grande influência nas últimas décadas do século XX.

céu, mas a terra certamente é pequena demais para as pretensões divinas de tantos pretendentes ao trono do Senhor do universo.

O ser humano que anulou, matou e devorou Deus (lembramos aqui o mito fascinante de Freud sobre o surgimento da religião e da moral a partir do evento do assassinato e do devoramento do pai[102]), não baniu do mundo nem o medo, nem a angústia, nem a violência: pelo contrário!

Mesmo assim, a perspectiva de Feuerbach contém algo de genial. Não há dúvida de que o ser humano projeta muito de si mesmo sobre suas concepções de Deus: seus desejos e medos, suas experiências e suas fantasias ocultas. Esse fragmento da verdade, essa visão analítica aguçada (que, no entanto, já havia sido formulado pelos "esclarecidos" entre os filósofos da antiga Grécia em relação aos deuses da mitologia grega e pelos profetas de Israel em relação aos deuses pagãos, enquanto apenas poucos ousavam, no contexto cristão, pensar nessa direção), foi desenvolvido por Marx, Freud e, em certo sentido, também Nietzsche. Seria possível transferir para a filosofia de Feuerbach aquilo que tentei formular em minhas considerações anteriores sobre o ateísmo: Que o ateísmo contém apenas uma parte da verdade, que ele não foi pensado até o fim, que ele não está completo; ele encerra suas considerações cedo demais e com uma falácia[103]. Feuerbach é um dos precursores da fenomenologia. Se ele tivesse se libertado da ingenuidade do materialismo e do positivismo do século XIX e se sua intuição o tivesse levado ao ponto alcançado pela fenomenologia no século XX, ele talvez tivesse

---

102. Paul Vitz comenta de forma certeira essa interpretação de Freud em *Totem und Tabu* (Viena/Leipzig, 1913): Freud oferece aqui uma análise mais do surgimento do ateísmo moderno do que do surgimento e da origem da religião (cf. VITZ, P. *Sigmund Freud's Christian Unconscious*. Nova York, 1988).

103. Explicações adicionais sobre isso se encontram em meu livro *Geduld mit Gott*.

se tornado um companheiro de Lévinas – talvez ele tivesse se tornado testemunha de um "nascimento oculto da religião no próximo", como Lévinas, cuja filosofia original da religião ainda contemplaremos. Ele não teria, nesse caso, também chegado à conclusão de que "justamente no interior transcendente do ser humano pode ocorrer a revelação"?[104] O equívoco de Feuerbach, que limitou seu pensamento, foi sobretudo aquele *nada além* positivista e simplificador: Deus é nada além de uma projeção humana.

Certamente valeria a penas vivificar uma parte do projeto de Feuerbach: desmascarar e desconstruir o Deus puramente *externo*, aquela caricatura de Deus situado no meio dos objetos (que, mesmo que sejam chamados "sagrados" ou "celestiais" jamais deixam de ser objetos). No entanto, negar essa concepção objetivista de Deus na base da convicção de que Deus é "nada além" de uma concepção humana subjetiva é precipitado e inapropriado. O misticismo conhecia desde sempre uma outra resposta: o descobrimento de Deus na imanência radical, de um Deus que reside na profundeza do eu, mas que já não é mais mero *elemento* do eu, pois o eu humano é essencialmente aberto e transcende a si mesmo.

Lévinas, Buber e toda a *filosofia do diálogo* moderna oferecem ainda outra resposta: Deus se revela no "tu" do próximo. Isso abre uma perspectiva completamente nova para a reflexão sobre Deus e para a teologia do amor.

O pensamento de que um ser humano será Deus para o ser humano é certamente lindo demais para desistirmos dele precipitadamente. Se conseguíssemos encontrar para esse pensamento um sentido cristão, ele se expressaria nesta afirmação: Deus é o amor. Não se trata de um ser humano considerar-se Deus; na minha opinião, a precondição fundamental para juntos descobrirmos o "divi-

---

104. Cf. a interpretação notável de Feuerbach e sua "fenomenologia incompleta" de C. Moonen ("The anthropological essence of Christianity in Ludwig Feuerbach and Michel Henry". In: *European Society for Catholic Theology*: Bulletin 19, 2008, p. 84-92).

no" na profundeza do relacionamento mútuo é que o ser humano não se comporta como se fosse Deus e não deifique o outro. Deus não é um "terceiro" qualquer no relacionamento de duas pessoas, ele é o fundamento e a fonte desse relacionamento.

Seria, então, possível concordar com a afirmação de Feuerbach de que "o amor é divino"? Em certa medida, sim; não creio, porém, que essa afirmação nos leve necessariamente ao ateísmo. Poderíamos também – para usar uma expressão preferida de seu aluno Marx – virar Feuerbach "de cabeça para baixo". Feuerbach descobriu o teor humanista da religião e reduziu a religião a uma antropologia humanista. Hoje, porém, podemos passar de um "humanismo reduzido" para um "humanismo integral". – Se o humanismo apareceu aos iluministas (com todo direito) na floresta densa das afirmações religiosas (o humano, o demasiadamente humano), Deus pode nos aparecer novamente por meio do ser humano, por meio do humanismo e voltar a brilhar.

Onde e como, então, posso encontrar Deus? Emmanuel Lévinas responde a essa pergunta com uma afirmação notável: Quando contemplo *a face do outro*, surge em mim o pensamento de Deus. "No encontro com a face lembro-me de Deus. Deus fala por meio da face"[105]. Lévinas afirma que não posso encontrar Deus num relacionamento direto, num conhecimento teórico (pois Deus não pode ser apreendido pela razão), tampouco numa confluência mística. O relacionamento com Deus só é possível por intermédio do outro, é apenas em sua face que o infinito se revela. O ser humano – o outro ser humano – é o espaço de ação da transcendência.

---

105. Cf. LÉVINAS, E. *Totalität und Unendlichkeit* – Versuch über die Exteriorität. Freiburg/Munique, 1987 [em francês: *Totalité et Infini*. Paris, 1980].

"Contemplar a face do outro" possui um significado especial, um significado-chave na filosofia de Lévinas. A face é uma revelação, uma visitação, a invasão do ético na ordem do mundo. A face do outro é nua, despida, vulnerável. A face do outro torna presente o mandamento: Não cometerás um assassinato. Na nudez da face do outro não encontramos apenas a vulnerabilidade, mas também uma autoridade absoluta: Na nudez da face do outro se revela o apelo incondicional do infinito e de sua "exterioridade". A exterioridade significa em Lévinas o *direito ao território próprio*; eu só respeito o outro se eu respeitar sua alteridade, se eu desistir de meus esforços de atraí-lo para o meu território, i.e., se eu desistir de adequá-lo e conformá-lo a mim mesmo.

E também o infinito (Deus) tem o "seu espaço", sua alteridade. Ele precisa ser diferenciado de modo absoluto de tudo que nós conhecemos e que se encontra sob o nosso controle. Lévinas se distingue aqui da ontologia metafísica tradicional. Em seu pensamento, Deus está – como também nos místicos – "além do ser". E mais: Transcendência significa para ele que "não podemos pensar Deus e o ser juntamente"[106]. Deus é aquilo que me *desafia* no encontro face a face. E o conteúdo desse desafio, desse apelo incondicional, é o chamado e a eleição para a *responsabilidade pelo outro*. A responsabilidade pelo outro é, segundo Lévinas, o "nome duro para o amor"[107].

Essa responsabilidade representa o sentido de toda vida humana; essa responsabilidade é também o sentido do amor. No pensamento de Lévinas, o amor não é algo romântico, é o cumprimento do mandamento; o amor é lei. A essência de um ser humano não consiste no "Penso, logo existo" cartesiano, mas na resposta ao chamado divino no espírito dos profetas de Israel: "Eis-me aqui".

---

106. Cf. LÉVINAS, E. *Jenseits des Seins oder anders als Sein geschieht*. Freiburg/ Munique, 1992, p. 353 [em francês: *Autrement qu'être ou au-délà de l'essence*. Paris, 1974].
107. Cf. LÉVINAS, E. *Být pro druhého*. Praga, 1997, p 20.

O ser humano é refém do outro, afirma Lévinas. Mas justamente essa "inerência" e essa promessa são a fonte de liberdade: "Um ser humano livre é prometido ao próximo". Mas Lévinas acrescenta que não se trata de uma "liberdade simples"[108]. Ele afirma que nesse relacionamento face a face jamais posso ter uma consciência pura, jamais posso dizer que eu já fiz o bastante. Um aspecto importante na concepção do amor como responsabilidade é a insistência com que Lévinas ressalta a assimetria de um relacionamento: O outro sempre precisa ter prioridade para mim. Se um relacionamento fosse mutuamente equilibrado, cada um esperaria para que o outro começasse a se importar. A assimetria em prol do outro é, portanto, a condição fundamental para a existência do bem no mundo.

Essa ética da responsabilidade é exigente; o próprio Lévinas admite que aquela responsabilidade incondicional pelo outro contém uma "semente de loucura". Ele está ciente de que o nosso mundo "não funciona" assim. Mas essa ética exigente não nos lembra do Sermão da Montanha de Jesus, das Bem-Aventuranças e sua pretensão radical: Sede perfeitos como o vosso Pai celeste é perfeito? (Mt 5,48).

Resumo: Aquilo que o cristianismo pode contrapor à egomania e a intoxicação divina, que é atribuída ao ser humano, é justamente a concepção especificamente cristã do amor. É preciso redescobrir o que significa aquele "duplo mandamento" de Jesus – por meio da reflexão profunda, mas também simultaneamente "na prática", pois pensamento verdadeiro e experiência de vida não podem ser separados tão facilmente.

---

108. A concepção da liberdade de um ser humano em Lévinas se apoia não no princípio da "autonomia" como em Kant e os iluministas, mas justamente na heteronomia, na suposição da responsabilidade pelo outro.

Além das reflexões sobre o projeto de um humanismo secular de Feuerbach, tentei mostrar por que eu não acredito na simples redução desse duplo mandamento a um único mandamento. Assim como tenho medo de uma religião que, em virtude de uma relação (excessivamente) zelosa com Deus, se esquece do ser humano, também não confio na redução do cristianismo a um mero humanismo secular. "Humanismo não basta"[109].

À pergunta o que deve acontecer com a "divindade" que não podemos simplesmente "devolver ao céu", que já causou tantos danos quando um ser humano se apoderou dela e a inseriu em seu ego ou a projetou sobre as mais diversas realidades terrenas, podemos responder com Lévinas que aquilo que nos pode e deve ser sagrado é o outro, o próximo. Ao mesmo tempo, porém, precisamos resistir à tentação de "divinizar" um ser humano (o Senhor bíblico proíbe isso expressamente) ou a própria ideia da humanidade. Trata-se de descobrir *aqueles* que estão às sombras do nosso eu (ego) – e de dar prioridade ao *tu* sobre o *eu*. Apenas então podemos, por meio do amor ao "tu" humano, reconhecer ou experimentar o "tu" de Deus.

Se eu precisasse dar uma definição sucinta do amor, eu ofereceria esta: *Amamos de verdade aquilo que nos significa tanto a ponto de lhe darmos prioridade sobre o nosso eu.* Amar significa ceder o primeiro lugar ao amado. Amar significa recuar em liberdade e alegria para a sombra do *tu*.

"Um hóspede na casa, Deus na casa", diz um antigo provérbio eslavo. "O outro" (também o estranho, o hóspede) representa Deus. O provérbio nos revela uma verdade profunda: Se amarmos de tal modo que nos esquecemos de nós mesmos, de modo que transcendemos os nossos próprios interesses e pretensões egoístas, então en-

---

109. Essa não é a convicção apenas dos teólogos cristãos; basta lembrar aqui a "Brief über den Humanismus" [Carta sobre o humanismo] de Heidegger (1947) ou o filósofo contemporâneo provocante, mas inspirador Slavoj Žižek, que apresentou a tese que cito aqui em um discurso em Praga (cf. ŽIŽEK, S. & HAUSER, M. *Humanismus nestací*. Praga, 2008).

contramos naquele que amamos dessa maneira, num ser humano, por exemplo, ao qual oferecemos o nosso amor altruísta e incondicional, realmente (mesmo que talvez "anonimamente") aquele que nos transcende radicalmente: Deus.

"Deus é o amor", dizem as Escrituras. Se eu tivesse que dar uma definição sucinta de Deus, eu diria: *Deus é a profundeza que adentramos quando nos transcendemos a nós mesmos no amor.*

7

A porta aberta

Contemplemos o apelo ao amor, ao amor a Deus e às pessoas, a todas as pessoas, até mesmo aos nossos inimigos. Sei que, até agora, temos ignorado muitos aspectos. Antes, porém, de ousarmos refletir ainda mais sobre esse apelo radical, deveríamos seguir os rastros daquele de cuja boca e coração saiu esse apelo e conquistou seu lugar na história humana: Jesus de Nazaré.

O Papa Bento XVI falava com frequência sobre o fato de que, hoje, Deus representa para muitos (e acrescento: também para muitos dentro da Igreja ou à margem dela) um Deus desconhecido e misterioso, um mistério absoluto[110]. Em sua primeira e programática encíclica, *Deus caritas est* – talvez a encíclica papal mais linda já publicada –, o Papa Bento não dedica muita atenção às tradicionais *preambula fidei* metafísicas, às demonstrações filosóficas da existência de Deus; ele prefere citar as palavras das Escrituras, segundo as quais ninguém jamais viu a Deus.

Logo (para alguns leitores talvez rápido demais) ele oferece a solução cristã tradicional: a referência a Cristo. Às palavras so-

---

110. O papa deduz disso o pensamento segundo o qual a Igreja deveria seguir o exemplo do Templo de Jerusalém e criar um "pátio dos gentios", um espaço para aqueles que procuram. Dediquei a essa sugestão, que o Papa Bento apresentou pela primeira vez aos jornalistas a caminho da República Tcheca, grande parte do meu livro *Divadlo pro andely* [Teatro para anjos] (Praga, 2010).

bre a impenetrabilidade misteriosa de Deus, ele logo acrescenta que Deus não quis nem quer ser apenas um Deus oculto: por isso, ele teria se revelado sobretudo em sua palavra – em sua palavra encarnada, no homem Jesus de Nazaré.

Para muitas pessoas que têm dificuldades com a ideia de um Deus transcendente (e quem não as tem?), não é difícil apaixonar-se pelo homem Jesus descrito pelos evangelhos. Talvez isso seja, especialmente para essas pessoas, uma oportunidade de aceitar o homem de Nazaré como "janela pela qual podemos observar Deus em ação"[111] e aceitar as suas palavras: *Quem me viu, viu o Pai e eu estou no Pai e o Pai está em mim* (cf. Jo 14,9-10).

Ao longo de sua história, a Igreja tem desdobrado a declaração de Jesus "Eu e o Pai somos um"[112] de modos diferentes, por exemplo: Jesus é a Palavra encarnada de Deus, é o Filho unigênito de Deus, é a segunda pessoa da Trindade, Jesus é da mesma essência de Deus em virtude de sua divindade e da mesma essência dos seres humanos em virtude de sua humanidade etc. Se quiséssemos entender essas sentenças de forma autêntica, precisaríamos nos aprofundar na história da teologia e dos dogmas, no contexto dessas sentenças, na história da compreensão dos conceitos filosóficos e das imagens mitológicas aqui empregados; e precisaríamos tentar encontrar uma interpretação compreensível dessas sentenças para a nossa compreensão atual (sem cair numa versão nova das muitas heresias cristológicas antigas) – o que não é tão fácil assim. Mas decorar as afirmações dogmáticas em sua forma da catequese popular sem qualquer compreensão textual e apenas repeti-las dificilmente

---

111. Cf. ROBINSON, J.A.T. *Honest to God*. Londres, 1963 [trad. Alemã: *Gott ist anders*. Munique, 1963].
112. Jo 10,30.

substitui aquele alegre "Eu o aprendi!" do aluno do rabino na história chassídica que mencionamos no primeiro capítulo deste livro.

Um caminho viável seja talvez retornar para aquelas histórias em que os evangelhos narram os momentos em que a compreensão dos discípulos de Jesus é iluminada como um raio e em que eles compreendem que seu mestre Jesus é *o Senhor*, que nele se revelava a eles a proximidade imediata e incompreensível de Deus: a transfiguração na montanha, a multiplicação dos pães, a ceia em Emaús, o reconhecimento das cicatrizes por Tomé deixadas pelos pregos da cruz...

Suspeito de que apenas uma contemplação sincera dos textos do evangelho permita o nascimento daquele amor ao homem de Nazaré que nos capacita a compreender e experimentar sua singularidade. Apenas quando formos capazes de dizer com o Apóstolo Pedro: "Sabes que te amo", poderemos verdadeiramente ("no Espírito Santo") expressar a sentença-chave do credo: Jesus Cristo é o Senhor[113].

Muitos dos nossos contemporâneos reagem à afirmação da singularidade de Cristo de modo semelhante aos ouvintes do Apóstolo Paulo no areópago em Atenas à sua palavra da ressurreição: "A este respeito te ouviremos em outra ocasião", disseram e lhe viraram as costas[114]. A referência cristã a Cristo está vinculada a uma pretensão de exclusividade que, para alguns dos habitantes do prédio multicolorido e multiforme de muitos andares da civilização global cheira a um pensamento cultural fechado e limitado, talvez até a imperialismo ideológico. Por que apenas Jesus e nenhum outro?

Mas também aqui é necessário discernir cuidadosamente. Sim, o Deus da Bíblia é "um Deus ciumento", e os cristãos não preten-

---

113. Cf. Fl 2,11.
114. Cf. At 17,16-34.

dem permitir que "seu Deus" e seu unigênito, o Salvador do mundo, no qual creem, seja inserido no panteão das deidades e dos heróis. Eles se recusam a vê-lo apenas como mais um entre muitos outros exemplos de santidade, pelos quais a ciência da religião possa se interessar. Isso certamente é legítimo, e os discípulos de Cristo não podem abrir mão dessa pretensão.

Ao mesmo tempo, porém, é necessário reconhecermos que algumas das maneiras como os cristãos costumam representar Jesus e sua singularidade e interpretar algumas de suas palavras ainda hoje são desnecessariamente arrogantes e enganosas. Tomemos como exemplo a declaração de Jesus: "Ninguém vem ao Pai senão por mim" (Jo 14,6). Existem poucas palavras de Jesus que foram usadas tantas vezes contra o espírito de Jesus, contra o espírito de um amor generoso que ultrapassa todos os limites! Aqueles que se consideram os "proprietários exclusivos de Cristo" e, portanto, proprietários e guardiões do monopólio de toda a verdade costumam usar essa palavra como sinal de proibição: "Passagem proibida" e a aplicam aos caminhos de todos aqueles que demonstram o menor sinal de aproximação àquilo que não é explicitamente cristão. Eles os acusam da heresia do "pluralismo religioso". O caminho de Jesus é, de fato, exigente e íngreme, não é uma estrada confortável *que acolhe tudo. Os braços de Jesus, porém, estão abertos.*

"Todas as vezes que fizestes isso a um desses meus irmãos menores, a mim o fizestes", diz Jesus naquela famosa cena do Juízo Final[115]. Isso significa que uma das consequências da encarnação do amor divino ilimitado que se manifestou em Jesus – e que se revelará em toda a sua plenitude apenas na hora do juízo – é que o próprio *Jesus nos espera em cada pobre e necessitado.* E quando voltamos a nossa atenção para o *necessitado,* nós encontramos Cristo e chegamos ao Pai por meio dele. Assim, para a alegria dos eleitos, chegamos à direita de Deus – também nos casos em que a

---

115. Cf. Mt 25,31-46.

nossa motivação para essa solidariedade amorosa não for de natureza explicitamente cristã, *mesmo que não reconheçamos Cristo* até a hora do juízo. Na cena de julgamento da humanidade mencionada acima, os "eleitos" se mostram *surpresos* ao compreenderem que foi a Jesus que eles demonstraram o seu amor: "Senhor, quando foi que te vimos?"

"Eu sou a porta", diz Jesus (Jo 10,9); mas ai daqueles que restringem ou limitam o "eu" de Cristo; pois ele mesmo o ampliou ao se identificar com todos os necessitados (e certamente não só com os necessitados num sentido material ou social). Ai daqueles que tentam fechar pela metade a porta amplamente aberta do seu amor, que tentam obstruir sua passagem e primeiro "revistar" aqueles que pretendem passar por ela: Essa tarefa não cabe a nós. Jesus se recusava e se recusa ainda hoje a responder às perguntas curiosas e indevidas de seus discípulos, que queriam saber quem seriam os eleitos e qual seria o seu número[116]. "Esforçai-vos", ele responde a essas preocupações.

Jesus é a porta – e essa porta está aberta para *todos* que precisam da nossa ajuda e proximidade. Nesse sentido, nós o vivenciamos como *portas infinitamente numerosas* – sem negar a singularidade de Jesus.

"Os menores" representam Cristo neste mundo. Os grandes com seus corações obesos, "os sábios deste mundo" – os espertos e enganadores, eles não o revelam, pois seu ego o ofusca. Eles não se consideram necessitados, mesmo quando, muitas vezes, não alcançam aquilo que realmente constitui a felicidade e a riqueza verdadeiras da vida.

Quando refletimos sobre aqueles pobres e menores que representam Cristo, a porta que nos leva a Cristo e, por meio dele, ao Pai, não devemos limitar nossa reflexão aos "objetos" em potencial da nossa caridade social. Nós mesmos podemos e devemos

---

116. Cf. Lc 13,23-24.

nos transformar em menores – quando nos tornamos iguais a crianças[117]; quando diminuímos nosso ego, entramos no Reino de Deus e assim nos tornamos capazes de ajudar aos outros. Essas palavras evocam diante dos meus olhos a imagem da entrada baixa à Basílica da Natividade em Belém e o provérbio do tesouro da sabedoria chassídica: "Hoje, ninguém consegue encontrar Deus porque ninguém está disposto a se curvar o bastante!" Temos aqui mais um *koan* do cristianismo: O que é grande aos olhos dos homens é pequeno para Deus, o que é insignificante para os homens é grande para Deus[118].

Jesus é a porta – a porta aberta! Poucas afirmações nos evangelhos com as quais Jesus nos revela quem ele é apresentam um caráter tão perfeitamente *quenótico*, expressam aquela *kenosis* (entrega e esvaziamento próprios) da qual Paulo diz na carta aos Filipenses:

> Ele, subsistindo na condição de Deus,
> não se apegou à sua igualdade com Deus.
> Mas esvaziou-se a si mesmo,
> assumindo a condição de escravo, tornando-se solidário
> com os seres humanos.
> E, apresentando-se como simples homem, humilhou-se,
> feito obediente até a morte,
> até a morte numa cruz (Fl 2,5-8).

Uma porta é, sobretudo, um espaço aberto e vazio, que podemos atravessar, no qual podemos entrar e do qual podemos sair; é o oposto de um muro impenetrável. No Novo Testamento encontramos muitas passagens em que Jesus é descrito como meta, como alfa e ômega, como cabeça e sumo sacerdote, como aquele que está assentado à direita do trono de Deus, como aquele que "atrairá tudo para si". Mas é justamente como tal que ele simultaneamente aponta

---

117. Cf. Mt 18,2-5.
118. Cf. 1Cor 1,25-28.

através de si mesmo para além de si mesmo: Minhas palavras não provêm de mim, mas do Pai; quem me vê, vê o Pai – poderíamos citar muitas outras passagens semelhantes. Jesus é o caminho, a porta pela qual chegamos ao Pai, ao mesmo tempo, porém, a *porta que nos leva às ovelhas* – ele é o caminho que nos leva a Deus e aos seres humanos. O olhar que fixamos em Cristo vê Deus e os homens; se aplicarmos a afirmação de Eckhart acima citada a Jesus, i.e., ao nosso olhar fixado em Jesus, podemos compreender a palavra sobre Jesus, que é "Deus e homem", que é uno (consubstancial, *homoousis*, afirma o dogma do Concílio de Niceia) com Deus e com os homens também de outra maneira. Jesus é a porta e janela que se abre e nos dá acesso a Deus e aos seres humanos, nele se unem a vista humana de Deus e a vista divina do ser humano, um olhar, um olho – contanto que estejamos ligados a Cristo (já em virtude de nossa humanidade e, além disso, em virtude da nossa fé) – *este olho é o nosso olho*, nós compartilhamos desse olhar. "Quem me vê vê ao Pai" – ao mesmo tempo, ele consegue ver também os seres humanos, cada ser humano sob a perspectiva de Deus, à luz divina – em amor. Amar uma pessoa significa vê-la com os olhos de Deus. Se realmente fôssemos um com Cristo e se nosso olho fosse puro, conseguiríamos retirar dele aquela viga de preconceitos e prejulgamentos[119], conseguiríamos ver toda a verdade e seríamos perfeitos no amor.

Mas como ainda é grande a distância que nos separa do Reino de Deus! "Existe apenas uma única tristeza verdadeira", disse Léon Bloy. "Não somos santos!"

Um dos importantes teólogos espirituais atuais[120] afirma que seguir radicalmente a Cristo nada tem a ver com o tolo esforço de

---

119. Cf. Mt 7,1-5.
120. CENCINI, A. *Amerai il Signore Dio tuo*. Bolonha, 2000.

copiar sua pessoa e biografia ou imitá-lo externamente nem com o seguimento de seus ensinos. Ser seguidor de Cristo significa adotar a postura interna de Jesus. Por isso, é necessário meditar profundamente sobre as Escrituras e tentar ultrapassar as letras e alcançar seu espírito.

Isso, porém, não nos leva ao mesmo ponto que já surgiu na meditação sobre o mandamento do amor a Deus, à pergunta: É realmente necessário que *nos transformemos em nada?* A abertura, o chavão preferido do "cristianismo moderno", só é autenticamente cristã se ela apresentar um caráter *quenótico*. Estar verdadeiramente aberto não significa ir ao encontro do mundo que nos cerca de modo acrítico. Significa antes tornar-se "transparente", ser igual a um vidro translúcido, para que Jesus (a luz do mundo) possa iluminar o nosso mundo como um raio resplandecente. Para que isso aconteça, é necessário exercitar-se constantemente no caminho difícil de um amor que se esquece de si mesmo, para que o nosso eu não lance uma sombra excessivamente escura neste caminho da luz. Quanto mais aprendemos a diminuir nosso ego, mais nos transformamos em uma referência à fonte da qual provêm "a bondade e a mansidão".

Isso significa, porém, travar uma luta paciente e vitalícia contra o demônio do modernismo, contra o narcisismo que idolatra a si mesmo, contra a egomania, cujas formas diversas nós, querendo ou não, absorvemos com o clima da sociedade atual. A forma mais perigosa dessa doença espiritual talvez consista em suas formas sutis e discretas, que permitem ao portador desse vírus destrutivo apontar maliciosamente o narcisismo do outro, mas ao mesmo tempo ignorar a trave no próprio olho. "Aquele que acredita estar em pé cuide que não caia", dizem as Escrituras[121].

Parece-me que o "vicejar do ego" e o individualismo exagerado e onipresente na sociedade moderna representem mais uma das

---

121. Cf. 1Cor 10,12.

"verdades loucas" do cristianismo[122]. Dificilmente o individualismo poderia ter crescido em outro solo senão no solo da fé em um Deus pessoal que criou cada ser humano individual como sua imagem inconfundível. Mas quando essa imagem deixa de voltar seu olhar corretor para o original, ela perde aos poucos um de seus traços mais importantes, e a *pessoa* se transforma em *indivíduo*.

Pessoas buscam a proximidade umas das outras, elas formam uma comunhão – completando-se mutuamente em sua singularidade. Os indivíduos, por sua vez, são concorrentes uns dos outros. O nosso mundo está cheio de pessoas que gostariam de refletir a onipotência divina; existe, porém, um número muito menor de pessoas que tornam presente o seu amor quenótico não egoísta. E não pertencemos nós também àquela maioria barulhenta?

"Se alguém quiser vir após mim, renuncie a si mesmo, tome a sua cruz e me siga", diz Jesus (Mt 16,24). A maneira de Jesus de renunciar a si mesmo e tornar-se um nada não é o caminho da ascese triste. Seus contemporâneos percebem Jesus – ao contrário dos discípulos ascéticos de João Batista – como "comilão e beberrão, amigo dos coletores de impostos e das prostitutas". Com ele, entrou no mundo aquela sabedoria divina "cuja alegria é estar junto aos homens"[123]. Por meio dele, Deus *amou o mundo* de modo infinito e incompreensível[124].

A expressão simbólica mais expressiva da autoentrega de Jesus – e, por isso, também a forma litúrgica que se repete diariamente há dois milênios – é o *pão*, que é partido e consumido

---

122. Acato aqui a famosa definição de uma heresia apresentada por Chesterton: "verdade que enlouqueceu", que fugiu de seu contexto original e se inflou tanto que mal pode ser reconhecida.

123. Cf. Pr 8,31.

124. Cf. Jo 3,16.

e que sacia os muitos. Por isso, a liturgia em memória da última ceia de Jesus, que se tornou simultaneamente a lembrança (*anamnesis*) de seu sacrifício na cruz, era chamada originalmente a Ceia do amor, *agapé*. Se quisermos compreender o amor no espírito de Jesus, este amor precisa retornar continuamente para a sala da Ceia pascal, para o serviço escravo da lavagem dos pés e para a prática de partir o pão – lá ele pode servir continuamente como inspiração para aquela coragem que "dá a si mesmo como alimento": Eu lhes dei um exemplo para que também vocês ajam como eu agi com vocês[125].

A Ceia pascal de Jesus é, porém, também fonte de inspiração para uma compreensão *política* do amor. Encontramos o apelo ao humilde serviço recíproco com o qual o evangelho de São João acompanha o gesto expressivo da lavagem dos pés, de um serviço reservado aos escravos, em uma forma mais extensa na descrição da última ceia em São Lucas: "Surgiu entre eles uma discussão sobre quem deles deveria ser considerado o maior. Jesus disse-lhes: 'Os reis das nações as dominam e os que exercem autoridade são considerados benfeitores. Entre vós não seja assim. Ao contrário, o maior entre vós seja como o menor, e quem manda, como quem serve. Pois quem é o maior, quem está sentado à mesa ou quem serve? Não é quem está sentado à mesa? Pois eu estou no meio de vós como quem serve'" (Lc 22,24-27).

A comunhão dos discípulos de Jesus pretende representar um contraste com o mundo do poder. Não é assim que devem ser as coisas entre vocês! O poder e o desejo de poder e posições de autoridade jamais devem destruir o espírito da igualdade e da solidariedade fraternal entre vocês!

---

125. Jo 13,15.

Poder e autoridade são, como também a propriedade, elementos naturais de toda sociedade; mas tanto o poder quanto a riqueza representam um risco para aqueles que os possuem: eles podem se encher de orgulho; poder e riqueza podem torná-los cegos e surdos diante da miséria e das necessidades dos pobres e impotentes e estragar seus corações. O ser humano precisa estar sempre atento e exercitar-se na luta contra essas tentações a fim de preservar sua liberdade diante do poder e do dinheiro. Quando poder e autoridade são confiados a uma pessoa, ela precisa aceitar essa tarefa e executá--la como um serviço – como um serviço de amor. Jesus não se ajoelhou aos pés dos apóstolos na sala da última ceia para se humilhar, mas: "tendo amado os seus que estavam no mundo, amou-os até o fim" (Jo 13,1).

O reino de Jesus não é deste mundo, lemos no evangelho de São João na cena do processo na presença de Pilatos[126]. Mas é justamente por isso que devemos mostrar o espelho aos poderosos deste mundo. A referência ao Reino de Deus contesta o domínio absoluto dos poderosos do mundo sobre a consciência humana: Sempre devemos obedecer mais a Deus do que aos homens![127] E também a resposta de Jesus à pergunta se é lícito pagar impostos aos romanos não é – a despeito de frequentemente ser interpretada como tal – um conselho ao compromisso entre a esfera de poder da política e o Reino de Deus[128]. Jesus não proíbe pagar impostos, ele incentiva algo diferente: Não deem ao imperador aquilo que pertence a Deus! O essencial na nossa vida não é aquilo que devemos ao imperador, mas aquilo pelo qual somos gratos a Deus e pelo qual estamos ligados a ele. Nenhum poder estatal, nem mesmo o mais alto, pode reivindicar isso.

A postura de Jesus em relação ao poder estatal resulta da tradição dos profetas, que permanentemente negavam aos senhores a aura da santidade e lhes diziam: Você não é um deus, você é apenas

126. Cf. Jo 18,33-38.
127. Cf. At 5,29.
128. Cf. Lc 20,21-26.

um ser humano! Jesus explica a Pilatos numa única frase em que consiste a sua realeza: Vim ao mundo para dar testemunho da verdade[129]. Muitas vezes, a verdade se revela impotente no confronto com o poder, mesmo assim devemos resistir à tentação de defendê-la ou impô-la com poder e violência. A única coisa que o ser humano pode e deve fazer pela verdade é *dar testemunho dela*. "O que é verdade?" Apenas aparentemente Jesus não responde à pergunta. Sua resposta, seu testemunho da verdade, é seu sacrifício na cruz.

O crucifixo deve ser afixado nas paredes de parlamentos e prédios governamentais? Não – se ele exercer a mesma função como nos estandartes do Imperador Constantino[130] ou nas bandeiras dos cruzados. Sim – se ele lembrar os políticos do fato de que a verdade é maior do que o poder.

Como uma pessoa pode se tornar cristã, discípula de Cristo? Por meio do Batismo, afirma a resposta, que – naturalmente – é correta. Parece-me, porém, necessário formular de modo um pouco diferente: Como alguém se *torna* cristão? Pois uma pessoa não se torna cristã de uma só vez, mas aos poucos.

Quanto mais eu acompanho pessoas em seu caminho da preparação para o Batismo e as batizo, mais percebo que o Batismo é um sacramento *dinâmico*. Semelhante ao casamento ou ao sacerdócio, o Batismo também é um evento que não se esgota no momento do ato sacramental, mas que tem um efeito que afeta toda a vida restante da pessoa.

Em meus livros anteriores desdobrei o pensamento da *ressurectio continua*, da ressurreição continuada: O evento da vitória de Jesus sobre a morte não pode ser limitado a um momento no passado, por

---

129. Cf. Jo 18,33-38.
130. Mais sobre isso em meu livro *Toque as feridas* (Vozes, 2017).

mais decisivo que tenha sido aquele momento. Trata-se de uma ocorrência duradoura, que afeta a dimensão profunda da história e da vida humana e que, de vez em quando, jorra claramente dessa profundeza. Momentos como a conversão de Paulo ou de Agostinho (e inúmeros encontros com a graça na vida de uma multidão incontável de pessoas) representam uma participação real no mistério da ressurreição[131].

Podemos falar dos sacramentos de modo semelhante e descrevê-los como ação contínua. Mesmo que isso possa ser surpreendente para muitos, trata-se apenas de um ensino tradicional formulado de maneira levemente diferente sobre a graça, a energia divina, que, por meio dos sacramentos (mas não exclusivamente por meio deles) é derramada no mundo das pessoas. E isso certamente não vale apenas para o Sacramento do Batismo com água, mas também para o "batismo do desejo", que a tradição da Igreja já conhece há muito tempo. E também a presença divina na sede espiritual de uma pessoa é uma história dinâmica, um processo complexo, um drama cheio de suspense com muitas ações, conflitos e pausas em conexão com uma catarse.

O que significa tornar-se *verdadeiramente* (e não apenas formalmente) cristão de uma só vez ou aos poucos? A resposta que encontrei é: Significa descobrir Cristo sempre de novo naquele lugar do qual já falamos: no "núcleo", no *self*, no *self* do ser humano.

Também uma pessoa religiosa sente permanentemente certa tensão entre seu *eu* (ego) e Cristo. Igualar nosso eu a Cristo corresponderia a uma mistura de loucura (megalomania) e blasfêmia. Nosso eu está sempre tentando alcançar Cristo em seu caminho – se formos sinceros conosco mesmos, sabemos que sempre tropeçaremos nesse caminho. (Um teólogo contemporâneo usa essa diferenciação para desenvolver sua teologia da tolerância: Pelo fato de não sermos Cristo, não somos a verdade e não podemos ser donos da verdade[132].)

---

131. Mais sobre isso em meu livro *Geduld mit Gott*, p. 169s.
132. Cf. VOLF, M. *Exclusion and Embrace* – A Theological Exploration of Identity, Otherness and Reconciliation. Nashville, 1996.

Quando São Paulo faz sua famosa declaração (que eu considero a pedra angular do misticismo e da espiritualidade cristã e na qual se apoia o pensamento fundamental deste capítulo): "Já não sou eu que vivo, é Cristo que vive em mim", ele não insere Cristo em seu eu, mas o descobre como seu *self*.

Cristo assumiu a natureza humana, diz um dos artigos-chave da fé cristã. E em que consiste o núcleo verdadeiro da "natureza humana" senão naquele ponto em que o ser humano transcende a si mesmo, *o self*, o "eu interior", a profundeza da qual jorra a fonte do nosso ser, a porta aberta que nos leva àquilo que nos transcende? Cristo está *em nós* como a "porta ao Pai". Quando nosso ego está inflado, quando ele se parece com um camelo carregado com grandes riquezas, que nos amarra e nos prende, então essa porta se torna tão estreita quanto o olho da agulha proverbial.

Cristo vive *em nós*, contanto que transferimos o centro da nossa vida do eu (ego) para o *núcleo* (o *self*). Mas, visto que esse *núcleo* do eu é um "espaço vazio", uma *passagem*, não podemos alcançá-lo permanecendo em nós mesmos ou por meio da "autocontemplação", mas *saindo de nós mesmos*[133].

Essa saída de si mesmo tem como meta Deus e os outros. No entanto, não existe uma *porta dupla* que leve aos outros e a Deus; a passagem para os próximos e para Deus é a mesma porta. O caminho para as pessoas e o caminho para Deus são o mesmo caminho. E também isso é o sentido do mandamento do amor a Deus e aos próximos; e também isso é o sentido da declaração de Jesus: Eu sou o caminho.

---

133. É deste mistério que fala o Papa Bento XVI quando, em sua encíclica sobre o amor, fala do amor como êxtase. Ele é "êxtase como êxodo permanente do eu fechado em si mesmo para a sua libertação no dom de si e, precisamente dessa forma, para o reencontro de si mesmo [...]. Mas isto é um processo que permanece continuamente em caminho: o amor nunca está "concluído" e completado; transforma-se ao longo da vida, amadurece e, por isso mesmo, permanece fiel a si próprio" (*Deus caritas est*, cap. 6; 17).

8

O lago traiçoeiro de Narciso

O contrário de amor não é ódio, mas amor-próprio. O contrário de fé não é o ateísmo, mas a deificação própria. O amor e a fé (o amor a Deus) oferecem liberdade verdadeira, a libertação do cárcere mais escuro: da prisão do ser humano dentro de si mesmo.

Os psicólogos falam do "narcisismo primário" espontâneo da criança, que se considera o centro onipotente daquilo que acontece em sua volta. Mais tarde, com a ajuda de "objetos de transição" (que, além de brinquedos e outros objetos materiais, podem ser também figuras de contos de fada ou primeiras concepções religiosas), a criança aprende a sair desse mundo ilusório e entrar no mundo real (para então sofrer rápida e duramente os mais diversos ferimentos e traumas dolorosos). O narcisismo, a admiração que temos por nós mesmos, adquire assim aos poucos uma forma aceitável e saudável. Pois o ser humano não deveria perder totalmente todo o complexo de sentimentos positivos em relação a si mesmo (o respeito, a aceitação, a segurança e o orgulho próprios e a alegria sobre conquistas etc.). Esse tipo de perda total teria efeitos igualmente desastrosos sobre a personalidade e a vida de um ser humano como os efeitos de um narcisismo doentio, que causa um ego desproporcionalmente inflado.

Escolas mais recentes da psicologia profunda ensinam a distinguir entre um "narcisismo saudável" e as formas patológicas da fixação em si mesmo. Existem profissões que, aparentemente, exigem uma medida maior de narcisismo do que a dose mediana presente numa pessoa; supõe-se que as pessoas que exercem uma dessas profissões se protegem assim contra uma série de frustrações e se libertam da insegurança em relação aos outros. Trata-se sobretudo de profissões vinculadas a apresentações em público, como atores, políticos e pregadores. O narcisismo de pessoas nessas profissões não deveria nem nos surpreender nem nos escandalizar; e as pessoas em tais posições também não deveriam ficar deprimidas se encontrarem dentro de si essa dose extra de narcisismo. Trata-se de aceitar essa realidade, conscientizar-se dela e aprender a conviver com ela. Se estudarmos com atenção a biografia dos santos, constataremos que também muitos deles eram abençoados com uma boa dose de narcisismo. (Oh meu querido Santo Agostinho!) Mas eles conseguiram "atrelar" seu narcisismo "ao arado" (se me permitirem usar essa linda imagem da lenda de São Procópio). No entanto, é necessário estar sempre atento para que essa força não comece a nos dominar, para que não sejamos nós aqueles que são atrelados ao arado!

O mesmo que ainda diremos sobre o medo se aplica também ao narcisismo: Não se trata de não o ter, mas não permitir que ele se torne maior do que nós, não podemos entregar nem ao medo nem ao narcisismo o leme da nossa vida. Pois o narcisismo pode ter o mesmo efeito do álcool ou de outra droga; o ser humano se acostuma com seu efeito, perde o autocontrole e aumenta a dose: Assim surgem dependências perigosas. Tornamo-nos dependentes de aplauso, admiração e popularidade.

Por isso, é importante diferenciar os diferentes tipos de relacionamento consigo mesmo – mas isso não é tão fácil quanto parece. "Amarás o próximo como a ti mesmo", diz Jesus e nos transmite assim uma mensagem importante: *O ser humano deve amar a si mesmo*. Quem não consegue aceitar a si mesmo com alegria e gratidão (mesmo sabendo uma série de coisas a seu respeito que não o deixam muito orgulhoso) também não consegue aceitar outra pessoa. Pessoas que sofrem com complexos de inferioridade, com um sentimento constante de serem tratadas injustamente e que expressam ódio e desdém próprios, costumam compensar esses estados patológicos com orgulho, ou elas projetam esses sentimentos sobre terceiros; aquele que não suporta a si mesmo não consegue suportar os outros. Quando alguém foge de si mesmo para os braços de outros, o que pode acontecer também em profissões sociais, não pode ajudar aos outros; aquilo que, à primeira vista, se apresenta como um amor extremamente altruísta, é, muitas vezes, manipulação oculta.

Sim: um médico que sofreu ferimentos na própria pele consegue ajudar melhor do que aquele que nunca experimentou a dor; aquele que vivenciou suas próprias fraquezas costuma ser mais tolerante e mais empático em relação às fraquezas dos outros; muitas vezes, o serviço que prestamos a outros nos tira da prisão das preocupações excessivas conosco mesmos, e a preocupação com outros pode nos ajudar a relativizar nossas próprias preocupações. Mas o serviço que prestamos a outros pode ter também o efeito de uma droga entorpecente. Problemas próprios que permanecem irresolvidos por muito tempo e a recusa de trabalhar em si mesmo e de se reconciliar consigo mesmo e com os outros se transformam em infecções que se aninham em nós. Nesse caso, realmente vale em certo sentido: Médico, cura-te a ti mesmo (Lc 4,23)!

A literatura ascética fala com frequência da necessidade de odiar-se a si mesmo; tenho considerado isso (e, na maioria das vezes, provavelmente com todo direito) a expressão de ascetismo masoquista extremo ou um equívoco teológico, que resulta de um conhecimento insuficiente da Bíblia. Quando Jesus fala da necessidade de "odiar" isso ou aquilo – e, sim, também a si mesmo –, ele pretende dizer – como sabe e respeita a maioria das traduções atuais da Bíblia – que devemos "menosprezar" determinadas coisas, ou seja, que não devemos dar a elas o primeiro lugar na nossa vida (cf., p. ex., Lc 14,26). Em alguns casos, porém, os autores de livros sobre a vida espiritual reconheceram perfeitamente o que pode lançar uma pessoa no abismo, no último momento antes de alcançarem o alvo de um caminho espiritual após todos os exercícios em disciplina e virtude: o orgulho, a autossatisfação, o prazer narcisista diante da auréola de santo que brilha sobre a própria cabeça. Aqui, eles recomendam um método que Santo Inácio de Loyola chamou *agere contra*: Dê uma meia-volta enérgica, para que você não se choque contra os recifes ou encalhe nas águas rasas. Alguns se entregam à autoflagelação, outros se sirvam talvez de uma dose necessária de humor e autoironia (que é ingrediente imprescindível da caixinha de primeiros socorros no caminho espiritual). Ódio próprio é, então, apenas uma expressão exagerada da desconstrução necessária do "ego falso" e pode servir para a libertação do eu verdadeiro – daquele eu verdadeiro que é visto com tristeza por todos aqueles que não amam.

A experiência mais importante e mais necessária para a vida e para um desenvolvimento saudável da personalidade é a experiência de que somos amados como seres humanos. Este é o verdadeiro noviciado do amor. O amor só pode ser aprendido se formos "infectados" por ele. Quem nunca foi amado não sabe amar.

As Escrituras nos garantem que já o fato da nossa existência é expressão de um amor que antecede a todo amor humano. "Nisto consiste o amor: não fomos nós que amamos a Deus, mas foi ele que nos amou" (1Jo 4,10); "Como o Pai me amou, assim também eu vos amei. Permanecei no meu amor" (Jo 15,9); "Não fostes vós que me escolhestes, mas fui eu que vos escolhi. [...] Amai-vos uns aos outros" (Jo 15,16s.). Existir, afirmam as Escrituras, significa ser amado por Deus; crer significa então "aceitar o amor em fé"[134]. Mas quando qualquer forma de amor humano (a começar pelo amor

---

134. Cf. 1Jo 4,16.

dos pais) é privada a um ser humano, torna-se muito difícil para ele acreditar no amor de Deus.

A causa principal de muitas dores e frustrações, mas também de graves deformações do caráter, é um sentimento (muitas vezes inadmitido) de que "ninguém gosta de mim", i.e., que ninguém gosta de mim da maneira como desejo e (mesmo que inconscientemente) espero ser amado. Esses fenômenos estão aumentando, pois em nosso mundo o amor se torna cada vez mais raro e porque aquilo que se apresenta com o rótulo de "amor" não é, na verdade, amor. Aquilo que ocupa o lugar que pertenceria ao amor é, de um lado, as diferentes variantes do prazer (desde sexo até drogas), de outro, o amor próprio – o narcisismo que, juntamente com o desenvolvimento do individualismo moderno e pós-moderno, deixou de ser um problema de indivíduos e passou a ser uma das características mais típicas da nossa cultura.

O consumo precisa do *marketing*, e o *marketing* precisa do narcisismo: O narcisista é aquele que se rende com a maior facilidade à manipulação sedutora e bajuladora. Basta um pouquinho de bajulação para seduzir um narcisista – é como mel para uma abelha ou uma garrafa de uísque aberta para um alcoólatra. Um narcisista não possui autoconsciência o suficiente, ele depende da admiração de outros, ele dispõe de pouca autocrítica, autocontrole sóbrio e sensibilidade para aquele *feedback* crítico que o nosso ambiente nos oferece ininterruptamente. Sua percepção é distorcida e encoberta pela sua autoimagem ilusória. Faltam-lhe força, humildade e disciplina – tudo isso ele já afogou no lago em cuja superfície ele admira seu reflexo. O interior do narcisista é raso e vazio: Ele espera tudo do mundo externo, da avaliação e admiração dos outros. O luto não admitido diante do fato de não ser amado de verdade e de não conseguir amar é substituído pelo amor próprio; ele tem medo do amor, pois suspeita que o amor exigiria muito dele; por isso, ele deseja mais a admiração do que o amor.

Esse girar em torno de si mesmo inútil e a busca de expressões de reconhecimento (que lhe trazem uma satisfação apenas momentânea) o esgotam compreensivelmente. Ele é e se torna cada vez mais fraco. Fracotes – e apenas fracotes – recorrem frequentemente à violência e à crueldade; às vezes, apenas em sua imaginação; às vezes, também na realidade. Um narcisista pode ser cruel e vingativo principalmente em relação àqueles que, de alguma forma, abalaram, perturbaram ou questionaram sua autoimagem. Sua percepção e sua memória apagam, reprimem e ignoram assiduamente tudo que poderia ameaçar seu respeito próprio excessivo – mas quando essa autoimagem já está perturbada, a memória de um narcisista realmente é "como a memória de um elefante": Ele não está disposto a esquecer ou perdoar, ele desenvolve planos de vingança em seu subconsciente e em suas fantasias e, quando as circunstâncias lhe são favoráveis, ele os executa. Quando o narcisista não vive sozinho (e ele consegue fazer isso apenas raramente, pois não se aguenta, ele não se basta), sua vingança consiste muitas vezes num terror psicológico contra seus próximos, pois compreensivelmente eles são aqueles que não estão dispostos a exercer um papel de figurante em seu jogo, e assim eles lhe servem como espelho (às vezes, sem querer). O narcisista se espanta diante do espelho: Ele só quer aquele "espelho mágico" que, como à princesa vaidosa no conto de fadas, responde às suas perguntas apenas com a confirmação de sua grandeza. Quando o espelho mágico se transforma em espelho real, o narcisista o percebe como rosto de Medusa: A liberdade já não o liberta mais, mas o paralisa, ele se transforma em pedra dura.

Com uma frequência cada vez maior, ocorre o fenômeno do "amoque", quando uma pessoa subitamente e sem qualquer aviso-prévio começa a matar. Esse fenômeno não é apenas um produto dos *videogames* na internet e dos filmes de ação e terror nas mídias; esses instrumentos, sem dúvida perigosos, costumam apenas acelerar esse tipo de ação. Muitas vezes, esses atos são uma expressão trágica da raiva de uma pessoa cuja imagem narcisista de si mesma e do mundo foi destruída pela realidade. Uma sociedade que não funciona conforme suas ideias merece ser destruída. A aparência ideológica (o apelo a símbolos religiosos ou políticos) é, normalmente, apenas um "valor acrescentado posteriormente", apenas uma droga que a pessoa usa para se entorpecer, para se tornar insensível, para criar coragem para o seu ato.

Antigamente, a ruína do mundo de um narcisista levava ao suicídio (quem sabe se o afogamento de Narciso no mito não seria apenas a descrição de um suicídio); hoje, esse suicídio costuma ser acompanhado ou, às vezes, substituído pelo assassinato de outros – quanto maior o número de vítimas, melhor. O heróstrato contemporâneo se agarra a concepções de um céu dos mártires, ao culto aos mártires em seitas religiosas ou políticas ou a um comentário nas mídias para "sobreviver à morte", para alcançar uma fama que sobrevive à morte, mas que é apenas uma caricatura da eternidade. Muitas vezes, ele é impulsionado pela ideia de uma cidade imensa em chamas com montanhas de mortos como cenário grandioso para seu suicídio, como mostram as loucas tentativas dos narcisistas megalomaníacos e patológicos desde Nero até Hitler. A noção do inferno já não consegue mais detê-los: Pois o inferno se tornou um estimulante popular na cultura do entretenimento das massas (basta dar uma olhada nos nomes de muitas bandas de *rock* e *heavy metal*). Mesmo assim, as formas mais extremas do amor próprio desmedido contêm em si a semente do inferno: Esse tipo de amor próprio acaba se transformando em ódio próprio e autodestruição.

Em nosso mundo ocorre não só o narcisismo de indivíduos; mas, em diferentes graus, também toda uma série de *narcisismos em grupos* – uma de suas formas mais tóxicas é o nacionalismo. *Right or wrong – my country*[135], gritavam os colonizadores britânicos. É

---

135. Certo ou errado – é a minha pátria!

preciso resistir a todo veneno nacionalista; a verdade, o direito e a justiça valem mais do que a lealdade à pátria ou nação. Nenhuma bandeira, nem mesmo a mais querida, justifica que ajamos contra a justiça e violemos o direito de outros.

Mas nem mesmo os mais diversos grupos religiosos são imunes à admiração narcisista, que, muitas vezes, vem acompanhada de um ódio voltado contra os outros. Lá, onde a palavra "Deus" se transforma em projeção de um "nós" narcisista e invejoso, coloca-se o ovo do dragão da intolerância.

"Nós lhe proibimos, porque não nos segue!" disseram os apóstolos a Jesus, quando encontraram um discípulo que não pertencia ao seu grupo. "Não o proibais", respondeu Jesus. "Quem não está contra nós está a nosso favor"[136]. Mas quantas vezes os cristãos preferiram se orientar pela diretriz contrária: "Quem não está a nosso favor está contra nós!"[137]

O nacional-socialismo e diferentes formas de chauvinismo grupal são desmascarados rapidamente por conta de seu fanatismo. O narcisismo coletivo da cultura ocidental moderna e pós-moderna é, porém, muito mais sutil e refinado. Um dos símbolos da orgulhosa imagem do homem do Renascimento no limiar para a Modernidade, o Davi de Michelangelo, desde sempre me pareceu uma inversão do original bíblico: No lugar de um garoto discreto, cuja única força é a confiança no Senhor, vemos aqui um atleta gigante, orgulhoso e perfeito, que parece representar mais o orgulhoso gigante Golias. Quando essa estátua foi criada, a era dos "super-homens", que se

---

136. Cf. Mc 9,38-40.

137. A declaração de Jesus: "Quem não está comigo, está contra mim; e quem não recolhe comigo, espalha" (Mt 12,30) deve ser referida exclusivamente a Jesus. Cristãos não podem aplicá-la a si mesmos e usá-la para justificar – contra o espírito de Jesus – intolerância e falta de amor para com o outro.

encerra com os monstros invulneráveis dos filmes de ação do nosso tempo, acabara de começar.

Nietzsche não conseguiu completar a formulação de seu sonho daquele ser que deveria ocupar o trono vacante após a morte de Deus, seu sonho do sobre-homem. Esse sobre-homem é, em termos de sua evolução, superior ao ser humano como o ser humano esclarecido por Darwin é superior ao macaco; por isso, a lembrança dessa fase evolutiva inferior seria embaraçosa[138]. Outros têm apresentado sua ideia desse ideal: Restariam apenas ruínas e o cheiro de milhões de corpos queimados.

O lema daquela psicologia humanista, aquele ideal da *autor-realização* do ser humano (*self-realization, self-actualization*), que domina os produtos da indústria onipresente do *marketing* desde a revolução cultural da década de 1960, contém o núcleo dos esforços narcisistas de todo o humanismo secular. A "psicologia transpessoal", um filho do movimento da *New Age*, contrapôs ao ideal moderno da autorrealização o ideal pós-moderno da *autossuperação*. Mas quando a "autossuperação" se refere sobretudo a técnica pseudorreligiosa da "ampliação da consciência", será que o objetivo é realmente a autotranscendência, ou seria ela mais uma expansão do ego? A oferta do mercado religioso pós-moderno não age sempre naquele campo que Kierkegaard identificou como o campo "estético"? Não seria o consumidor daqueles produtos espirituais o Don Juan de Kierkegaard, que se excita com as pequenas ondas "do eterno retorno do mesmo" – sem sofrer qualquer mudança em seu interior?

O que pode levar a cultura do narcisismo e seus produtos humanos para uma cura e conversão real? A resposta é tão fácil quanto é difícil pô-la em prática: a humildade e o amor. O narcisista vive completamente na prisão de suas ilusões e tem um medo instintivo da verdade, da vida real. A humildade, porém, é a coragem para a verdade. Aquele que ama a verdade não precisa temê-la. Este é o

---

138. Cf. NIETZSCHE, F. *Also sprach Zarathustra*. Prefácio, p. 3.

apelo divino ao narcisista: Passe do amor-próprio para o amor à verdade. Ouse não amar a realidade que você deseja ter e ver, mas a realidade como ela é. A oração do mendigo cego no evangelho deveria tornar-se a oração da pessoa que sofre com o narcisismo: Senhor, faz com que eu veja! Na última ceia, Jesus orou por seus discípulos, cujo narcisismo ele testemunhou repetidas vezes[139]: Pai, santifica-os na verdade![140]

A uma pessoa que sofre com uma falta de amor ou com o sentimento de não ser amado, os cristãos costumam dizer: Deus ama você! Isso é, sem dúvida, uma verdade teológica profunda e uma das experiências místicas mais profundas. No entanto, não me surpreendo que muitas pessoas se irritam quando veem cartazes de evangelização que proclamam em letras grandes: "Deus te ama!", "Cristo te ama!" As pessoas que se irritam não são apenas aquelas que se irritam com qualquer referência à religião, mas também aquelas que se irritam quando grandes verdades são transformadas em chavões baratos, quando os "mistérios da fé" pululam da boca de certas pessoas com uma facilidade exagerada.

Quem já vivenciou a divindade do amor no fundo de um relacionamento humano cansativo e exigente no qual teve que dar tanto de si sabe mais sobre o amor divino do que aquele que se sente extasiado pelo canto coletivo de músicas religiosas populares. Sem dúvida alguma, o ser humano pode vivenciar um contato amoroso com o mistério absoluto na liturgia e na oração pessoal, diante da beleza de montanhas e quedas d'água ou ao ouvir o *Messias* de Haendel; eu conheço esses momentos, e eles fazem parte dos tesouros da minha

139. Um exemplo ilustrativo é o desejo dos filhos de Zebedeu, dos apóstolos Tiago e João, sentar-se à direita e esquerda de Jesus no seu reino (Mt 20,20-30), ou seja, sua briga sobre qual deles é o maior (Lc 22,24).
140. Jo 17,17.

vida. Mas creio que esses toques da graça pertencem mais à fase do "estar apaixonado", à antessala do amor.

Na minha opinião, amar a Deus e experimentar o seu amor significa um *sim* duradouro, maduro e fiel à vida – a tudo que experimentamos nela e a tudo que preserva seu mistério e sua fonte de uma admiração ininterrupta. Significa *ter conhecimento da profundeza da vida*, também naqueles momentos em que me esgotei nos eventos em sua superfície a ponto de não conseguir mais perceber a sua profundeza. Significa desistir do teatro insensato de querer ser senhor e rei sobre o próprio eu e a vida alheia – e fazê-lo com bom-senso, alegria e em liberdade. Amar a Deus significa nutrir uma gratidão profunda pelo milagre da vida e testificar essa gratidão com a sua vida, aceitar e afirmar seu destino também nas áreas em que ele não corresponde aos seus planos e expectativas. Amar a Deus significa aceitar com paciência e atenção os relacionamentos humanos como mensagens de Deus cheias de sentido – também nos casos em que não consigo compreender plenamente esse sentido. Amar a Deus significa confiar que também os momentos mais complicados e obscuros revelarão seu sentido em algum momento, de modo que serei capaz de dizer: "Deus estava naquilo? Muito bem, então – mais uma vez!"[141]

---

141. Uma paráfrase da famosa passagem do livro de Nietzsche, *Assim falou Zaratustra*. Zaratustra ensina aqui o amor ao destino (*amor fati*), culminando na declaração: "Foi isto – a vida? [...] Bom! Mais uma vez!" (cf. 4ª parte: *Das trunkne Lied*).

9

Será a tolerância a nossa última palavra?

Muitas religiões vinculam a fé à moral. A singularidade do ensino de Jesus se expressa também no fato de que ele vincula o amor a Deus essencialmente ao amor às pessoas e ressalta expressamente a universalidade e incondicionalidade desse amor: Trata-se de um amor que inclui até mesmo os nossos inimigos. Alegar que eu amo um Deus que eu nunca vi, mas não amar o irmão que está diante dos meus olhos, seria uma religião hipócrita que mente para si mesma; e amar apenas aqueles que nos amam nada mais seria do que uma troca e não a virtude do amor, como diz o Novo Testamento.

Em certa medida, dois outros conceitos da história das culturas antigas e modernas lembram esse amor incondicional e ilimitado: a *compaixão* budista e a *tolerância* ocidental moderna. Mesmo assim, creio que não devamos confundir nenhum dos dois com a concepção cristã do amor, pois o cristianismo trata ainda de outra coisa.

A *compaixão* universal (*karunā*) com tudo que vive e sobretudo o *não se apegar* como remédio contra aflição e sofrimento, proposta pelo Oriente, sobretudo pelo budismo, pode despertar respeito e simpatia também entre os cristãos e inspirá-los em vários sentidos. Mesmo que tenha investido bastante tempo no estudo do budismo e no contato com monges e estudiosos budistas em países budistas tradicionais, eu não ousaria apresentar uma interpretação suficientemente fundamentada do conceito do *karunā*. Mas foram justamente os budistas que me levaram à convicção de que o *karunā* e a mensagem cristã do amor não são *idênticos*. Vários amigos budistas de países budistas tradicionais veem muitos "budistas ocidentais" com certo ceticismo e, em certa medida, também com ironia: Afirmam que essas pessoas jamais compreenderam e absorveram o budismo, de modo que, na verdade, rotulam de "budismo" um cristianismo do qual apenas baniram os traços que não lhe são simpáticos – em essência, um cristianismo libertado das instituições eclesiásticas e das exigências da moral cristã. Talvez, isso explicaria também o fenômeno que há muito chamou minha atenção: o fato de que alguns "budistas" ocidentais apresentam determinados traços do amor cristão numa forma mais refinada e até mesmo mais convincente do que alguns ambientes eclesiásticos; encontramos, portanto, entre esses "cristãos anônimos" pessoas que levam mais a sério o ensinamento de Jesus sobre o amor altruísta do que alguns representantes da Igreja.

Aquela "sensação da vastidão infinita", que se parece com um oceano e que pode inundar uma pessoa durante uma meditação profunda, seja ela budista, cristã ou "laica", nos permite vivenciar que nosso "pequeno sim" é parte de um todo muito maior. Em momentos assim consegui, talvez, entender a convicção budista de que o "eu" e "minha alma" não existem, que eles não passam de uma ilusão. Esse pensamento, porém, leva a pessoa do Ocidente a um ataque de vertigem, e ela se pergunta se essa vivência, muitas vezes descrita como dissolução do próprio sujeito no "eu cósmico", não seria apenas uma regressão ao "narcisismo primário" de um recém-nascido, descrito pelos psicólogos das escolas neoanalíticas. Seria a "consciência ampliada", que a psicologia transpessoal oferece com recurso à experiência espiritual do Oriente, uma visão tão sedutora para as pessoas ocidentais porque ela satisfaz uma necessidade narcisista por meio de uma forma muito sublime do narcisismo, mas talvez ainda mais perigosa do ponto de vista espiritual?

Aquele eu cósmico, no qual a pessoa acidental estressada encontra um descanso confortante (e que certamente evoca experiências primordiais do ventre materno) é realmente o mesmo ao qual Agostinho se refere quando fala da inquietude do coração (*inquietas cordis*) que só pode encontrar sua paz no Tu divino? Eu duvido disso, da mesma forma como duvido juntamente com meus amigos budistas que aquilo que muitos adeptos ocidentais do budismo praticam (também aqueles que se inspiram naquele homem que eu respeito profundamente, o Dalai Lama tibetano, que adapta motivos budistas ao gosto ocidental[142]) seja realmente um budismo autêntico. Um dos meus amigos afirma que aquilo que hoje chamamos de budismo e hinduísmo, aqueles motivos seletos das antigas culturas orientais, que foram refigurados fundamentalmente em formas de sistemas religiosos ("ismos"), seriam, na verdade, frutos dos esforços reformadores dos séculos XIX e XX, *que foram influenciados fortemente pelo protestantismo liberal anglo-saxônico*. Muitos daqueles que se confessam seguidores do hinduísmo, ioga, budismo etc. (e não só no Ocidente, mas também na Índia, principalmente nos centros internacionais de meditação) são, na verdade, mais unitaristas ou teósofos do que seguidores de Buda e do mundo original da mitologia indiana[143]. Ramakrishna, Vivekananda, Suzuki, Gandhi e muitos outros, foram, aparentemente, influenciados *por determi-*

142. Falei da graciosidade da humildade, simplicidade e pureza interior do Dalai Lama, mas também dos muitos lugares comuns em sua fala, em meu livro *Smírená ruznost* [Diversidade reconciliada] (Praga, 2011, p. 167). Recentemente, quando tradicionalistas católicos denunciaram o Dalai Lama como "*kitsch* religioso", eu tive, mesmo que contra a minha vontade, dar-lhes certa razão, mesmo que os maiores responsáveis por isso sejam as mídias e a indústria de *marketing*, e não este homem indubitavelmente santo. Não precisaríamos, então, chamar também o Apóstolo João, que, na idade avançada, só repetia uma única frase: "Amados irmãos, amai-vos uns aos outros" (cf. 1Jo 4,7) um "produtor de *kitsch* banal"?

143. Recorro aqui a conversas interessantes com Martin Putna após seu retorno das viagens pelos Estados Unidos e pela Índia; suas observações correspondem em grande parte às minhas experiências de peregrinação nesses dois países. Pensamentos semelhantes podem ser encontrados nas palestras de Nicholas Lash (cf. LASH, N. *The Beginning and the End of Religion*. Cambridge, 1996).

nado tipo do cristianismo – muito mais do que puderam admitir. E naquilo que seus alunos ocidentais e orientais praticam hoje em dia há mais características do protestantismo liberal do que da espiritualidade e religiosidade oriental.

Não ouso, portanto, responder à pergunta sobre o que seria o budismo *autêntico*, pois esta resposta só pode ser dada por aquele que realmente possui um conhecimento íntimo do budismo. Sou amigo do budismo e dos budistas, mas não sou budista, sou cristão.

Quanto mais eu estudo culturas e religiões individuais e venho a conhecê-las também por meio da experiência em minhas viagens, mais se fortalece a minha convicção de que elas não são tão parecidas quanto aparecem à primeira vista superficial. O budismo não pode ser substituído pelo cristianismo, e o cristianismo também não pode ser substituído pelo budismo. O cristianismo não é um "sucessor" que poderia substituir a religião judaica, que a faria parecer antiquada e, portanto, supérflua, uma crença que a apologética, que se desenvolveu a partir dos antigos conflitos entre a Igreja e a Sinagoga, inseriu tragicamente na consciência do cristianismo popular. De forma semelhante, o islamismo não é uma simples continuação do cristianismo nem o *substitui*, como acreditam ingenuamente alguns apologetas islâmicos. O cristão se alegra quando os muçulmanos demonstram um respeito sincero por Jesus e sua mãe, mas ele se recusa com todo direito quando o muçulmano pretende convencê-lo de que a sua compreensão de Jesus, de sua vida e de seu significado, que se apoia em determinadas passagens do Alcorão, refuta e substitui aquilo o que afirmam os evangelhos e a tradição da Igreja. Isso pode ilustrar como os judeus se sentem quando os cristãos tentam lhes demonstrar que nós entendemos melhor do que eles o seu livro sagrado (que nós chamamos Antigo Testamento).

Num mundo em que as religiões e culturas se penetram mutuamente com uma intensidade maior do que estávamos acostumados[144], é *necessário preservar e cultivar sua identidade*, assumir uma responsabilidade pela herança da própria cultura (isso é, também, a precondição fundamental para qualquer diálogo inter-religioso). A única coisa que deveríamos acrescentar a esse princípio como experiência custosa de tempos passados é a constatação de que a lealdade e o apreço pela tradição, cultura e fé próprias *não significam o menosprezo ou desrespeito ao outro* e sua tradição, cultura e fé. (E acrescento imediatamente que o respeito ao outro tampouco significa a proibição de qualquer crítica ou diferenciação crítica, que, às vezes, é exigida pelos inquisidores seculares do modernismo em nome do multiculturalismo e do "político correto" exagerado; é justamente o amor ao outro e o respeito por ele que, às vezes, exige uma palavra crítica, um *feedback*, uma *correctio fraterna*[145].)

As nossas considerações têm se aproximado aos poucos do segundo tema deste capítulo: o ideal da tolerância. Homenageio aqui primeiramente aqueles homens nobres e esclarecidos que, num tempo em que uns não sabiam direito em que os outros acreditavam e, mesmo assim, estavam absolutamente convencidos de que Deus se alegraria se degolassem os outros por causa de sua fé, lembraram a Parábola do Trigo e do Joio[146]. Já no nascimento da Igreja, Jesus se viu obrigado a repreender seus discípulos porque queriam assumir o lugar dos anjos no Juízo Final, "finalmente impor ordem na terra" e extinguir o mal (de acordo com suas concepções infantis daquilo

---

144. Acrescento aqui que também no passado muitas gerações de cristãos tiveram que aceitar a grande diversidade de caminhos espirituais em sua proximidade imediata e, por vezes, fizeram boas experiências com isso (basta lembrar aqui o enriquecimento mútuo do islã, do judaísmo e do cristianismo na Espanha sob o domínio muçulmano).

145. A repreensão fraternal, ancorada nas regras e na prática de algumas ordens religiosas, se apoia no mandamento bíblico de Lc 17,3.

146. Cf. Mt 13,24-30.

que seria o bem e o mal). *Deixem crescer as ervas e o trigo* – Jesus pede paciência, até mesmo uma "paciência escatológica", pois a luz que nos permitirá discernir o bem e o mal sem o risco de equívocos trágicos só resplandecerá além do horizonte da história, não neste vale das sombras. Fanáticos, fundamentalistas, revolucionários e inquisidores (tanto religiosos quanto seculares) compartilham de um mesmo pecado: Eles ignoram o conselho de Deus de praticar uma paciência humilde. Ela impede que aqueles esforços de introduzir o céu na terra não nos levem a transformar a vida na terra em um inferno.

Jesus alerta aqueles que "ardem tanto pela verdade" que adorariam usar essa chama para acender a fogueira e queimar os hereges ou os livros heréticos por defenderem uma concepção um pouco diferente da verdade. O conceito de verdade de Jesus é radicalmente *diferente* da compreensão desses fanáticos. Hoje podemos ler nos documentos oficiais da Igreja Católica que a verdade é realmente verdadeira quando ela se alia ao amor e à liberdade. Verdade, liberdade e amor se condicionam reciprocamente. Ainda no passado mais recente, porém, não existiam muitos que pensavam e agiam desse modo numa Igreja e num mundo que era um verdadeiro inferno. Quando ouvimos a palavra *tolerância*, deveríamos nos curvar profundamente diante de sua memória: A palavra "tolerância" é o legado que eles nos deixaram.

Mesmo assim, o conceito da "tolerância" – assim como o estampam as bandeiras dos iluministas e de seus herdeiros – não pode se tornar um eterno ídolo intocável. Seria este conceito realmente a última palavra, a receita insuperável e mais confiável para a cura das feridas do nosso tempo?

A tolerância é certamente o exemplo da aplicação secular do mandamento do amor aos inimigos. Normalmente, porém, quando traduzimos conceitos religiosos para a língua secular e suas concepções, algo costuma se perder. Muitos conceitos iluministas representam *minima moralia* – aquela parte da moral cristã que poderia ser aceitável também para aqueles que não consideram aceitáveis a totalidade da fé cristã e as precondições religiosas da ética de Jesus. Não precisamos *amar* os nossos inimigos, basta *suportá-los*. *So far, so good*[147], poderíamos dizer.

Mas antes de nos satisfazermos completamente com o conceito da "tolerância", deveríamos prestar atenção em algumas conotações que, muitas vezes, são transportadas pelas interpretações desse princípio. Tolerar significa, como já sugere a origem latina da palavra, *suportar, aguentar*. Normalmente, é algo pesado ou desagradável que deve ser suportado ou aguentado. Tolerar um vizinho desagradável não significa amá-lo de alguma forma; basta ignorá-lo, não se importar com ele – cada um tem a sua vida, seu estilo, sua verdade.

Por isso, um certo modelo de "multiculturalismo" fundamentado no princípio da tolerância não resultou numa *polis*, numa comunidade de irmãos ou vizinhos, mas num conglomerado de guetos. "Cada um viva ao seu modo, contanto que não perturbe ou limite os outros". Isso é, certamente, um estado mais humano do que brigas constantes ou um estado de guerra permanente. Mas será que isso pode ser uma solução permanente? Uma tolerância desse tipo serve para que seres humanos consigam viver *um ao lado do outro*, mas não *juntos*.

No entanto, nosso mundo, a "aldeia global", se tornou pequeno demais para que pudéssemos viver lado a lado sem perturbações recíprocas. O nosso número aumentou – e haverá cada vez mais daqueles "que são diferentes de nós", gostemos disso ou não; as nossas casas já não estão mais tão distantes umas das outras quanto antigamente, conseguimos olhar pela janela da cozinha do vizinho, sentimos os aromas exóticos em sua sala de jantar e ouvimos os gritos das brigas conjugais, cuja existência ignorávamos até então.

---

147. "Até aqui, tudo bem" – uma expressão popular no inglês.

O modelo da tolerância foi desenvolvido para um outro mundo, para uma arquitetura urbana completamente diferente; as cidades já não são mais como antigamente, elas se transformaram completamente. Querendo ou não, vivemos *juntos* – e precisamos encontrar outras regras para esse convívio senão um mero "não perturbe os meus círculos".

Mas nossos círculos já estão "perturbados". Uma vizinhança tão próxima não funciona sem conflitos. Como podemos nos prevenir, como podemos solucioná-los?

Quero alertar contra certo tipo de "imperialismo ingênuo do amor", ao qual tendem tanto alguns cristãos gentis e zelosos quanto muitos defensores do humanismo secular. "Jesus ama todos", "Somos todos filhos do mesmo Pai" – isso é verdade, sim, mas o Pai tem filhos *diferentes*. Não respeitar essas diferenças, alegrar-se apenas com o fato da nossa semelhança não é, necessariamente, resultado de uma abundância de amor – essa postura revela antes uma falta de respeito, de valorização dessas diferenças. As intenções de Karl Rahner foram certamente boas quando definiu ateus simpáticos e fiéis de outras religiões como "cristãos anônimos" e assim propôs uma perspectiva revolucionária para o seu tempo. Hoje em dia, esse tipo de visão tende a obstruir o desenvolvimento de uma amizade verdadeira e de um diálogo autêntico. Nem sempre os outros se sentem lisonjeados quando afirmamos o quanto somos parecidos.

A constatação bem-intencionada de que todos nós somos parecidos, igualmente valiosos, de que, no fundo, todos nós acreditamos no mesmo, é uma afirmação tão ingênua quanto arrogante. Quem é você, homem, para reivindicar o direito de elevar-se acima de todas as religiões, para pretender conhecê-las perfeitamente, julgá-las e compará-las com justiça e avaliar seu valor verdadeiro? Este juízo cabe exclusivamente a Deus. Você, homem, permanece firme em sua fé, se ela corresponder às exigências de sua consciência, sua razão e seu coração; tenha tanta fé em sua verdade para que não precise se fortalecer por meio do menosprezo da fé dos outros. Se você tiver certeza de que "você está certo" (e você seria tolo se confessasse algo de cuja verdade você não se convenceu), não acrescente apressada e insensatamente a declaração: "*Apenas* eu estou certo". Por vezes, a verdade é mais profunda do que aparenta ser na superfície, do que aparenta ser para aqueles que reivindicam o monopólio à verdade. Se acreditarmos que todos nós cremos no mesmo Deus, *acreditemos* nisso, mas deveríamos reservar a Deus o direito de confirmar ou refutar a nossa convicção no dia do juízo.

Um amor que abraça tudo integra apressadamente o alheio ao meu, transpõe o diferente para o mesmo (é a isso que me refiro quando falo do "imperialismo do amor"); um amor verdadeiro, porém, respeita, apesar de todas as semelhanças que possam existir, a diferença do outro. Ele respeita sua "exterioridade", como dizia Lévinas, ele não o priva do direito ao seu próprio território espiritual e reconhece sua autonomia.

Em meus encontros amigáveis com budistas, judeus ou muçulmanos, gosto de sentar-me à mesa com eles e oferecer-lhes as muitas coisas boas do tesouro do cristianismo, para que possam provar aquilo que quiserem e na medida em que quiserem, e gosto de lhes explicar por que esses valores me são tão caros – contanto que desejem ouvi-lo e eu seja capaz de fazê-lo. Sem dúvida alguma fico feliz quando demonstram simpatia por Jesus ou Francisco de Assis, mas ninguém deve esperar que eu declare ao mesmo tempo que aquilo que essas pessoas servem em suas mesas sejam apenas comidas insalubres e vinhos envenenados. Não tenho esse direito.

O sociólogo alemão Ulrich Beck mostra que o projeto iluminista clássico da tolerância desenvolvido por John Locke (*A Letter*

Concerning Toleration, de 1689), que pretendia retirar a religião do espaço público ("Acredite no que quiser, mas não importune os outros com isso"), só podia funcionar num ambiente *protestante* mais ou menos homogêneo[148], pois pressupõe a compreensão protestante de religião – aquilo em que a Reforma transformou o cristianismo: privatização, confissionalização e, sobretudo, individualização da religiosidade. Não surpreende, então, que o conceito da tolerância foi relativamente bem-sucedido no noroeste da Europa e na América do Norte, onde, segundo Chesterton, "também os católicos são protestantes". (O pensamento da tolerância se alojou também naquele tipo de catolicismo que surgiu em decorrência das reformas do Concílio Vaticano II: Para o desespero dos tradicionalistas, o concílio se deixou influenciar pela experiência político-cultural do católicos norte-americanos e absorveu muitos aspectos positivos da tradição da Reforma, sem renegar a sua identidade.)

Hoje somos confrontados com o diagnóstico de que o modelo da tolerância de Locke não pode ser aplicado à sociedade multicultural na era da globalização. Ele fracassa em sociedades em que diferentes tradições cristãs que não aceitam esse modelo são fortemente representadas (p. ex., os ortodoxos) e em que existem religiões para as quais ele é totalmente estranho, o que vale sobretudo para o islamismo[149]. Não foi por acaso que a concepção tragicamente ingênua segundo a qual intervenções militares seriam capazes de instalar num ambiente puramente islâmico uma democracia moderna do tipo ocidental (inclusive a "separação de religião e política"), que estava por trás da intervenção dos EUA sob o presidente Bush no Iraque e o projeto New World Order, nasceu principalmente no contexto do protestantismo evangélico norte-americano da direita religiosa (*Religious Right*). A direita norte-americana – como também todo tipo

148. Cf. BECK, U. *Der eigene Gott* – Von der Friedensfähigkeit und dem Gewaltpotential der Religionen. Frankfurt am Main, 2008.

149. Beck observa que esse modelo de uma separação total entre vida pública e religião não consegue se impor nem mesmo em Israel.

de fundamentalismo – não estava ciente de seu condicionamento cultural. Ela não refletiu sobre isso e se considerou arrogantemente a verdade universalmente válida, digna de uma propagação missionária – até mesmo com violência.

O filósofo inglês John N. Gray escreve que o desenvolvimento mais recente da filosofia política da direita norte-americana mostra que esse tipo de conservadorismo abandonou, após o fim da Guerra Fria e após o 11 de setembro de 2001, o fundamento da convicção conservadora na esperança quiliástica de um "fim do mundo". A concepção calvinista, dominante até então, segundo a qual as fraquezas humanas como consequência do pecado primordial seriam um elemento constante da natureza humana e da sociedade humana, foi substituída por uma utopia revolucionária típica da esquerda, segundo a qual o mundo pode ser aprimorado por meio da violência. A consequência dessa mudança de paradigmas foi a prática das "guerras preventivas", a "guerra contra o terror" e a promulgação de leis que permitem a tortura de suspeitos de terrorismo[150].

A isso se contrapõe o ponto de vista claro (instruído pela história europeia) da Igreja Católica, que está ancorado nos documentos do último concílio e foi repetido frequentemente pelos papas João Paulo II e Bento XVI: A verdade só pode ser imposta com a força da própria verdade, jamais com violência. A violência só é moralmente permitida onde realmente não existe outro meio de defesa imediata de inocentes diante de um ataque violento; qualquer outra aplicação de violência representa um risco irresponsável e significa uma intensificação do ciclo de violência e vingança.

---

150. Cf. GRAY, J. *Black Mass* – Apocalyptic Religion and the Death of Utopia. Nova York, 2007 [em alemão: *Politik der Apokalypse* – Wie Religion die Welt in die Krise stürzt, Stuttgart, 2009, p. 50-60].

Em nosso mundo multiplamente conectado, o mantra do relativismo iluminista e tolerante: "Cada um tem a sua própria verdade" não pode ser a última palavra – muito menos a primeira palavra, que obstruiria o caminho para o próximo desde o início e impediria um conhecimento aprofundado do outro e de sua verdade. Motivos de uma tolerância meramente esnobe podem ser indiferença ou o desinteresse pela verdade do outro e, portanto, pelo outro em si, pela possibilidade de conhecê-lo melhor.

A verdade gosta de se esconder, e quanto mais complexo for o nosso mundo, melhor ela conseguirá fazê-lo. No entanto, não podemos ser indiferentes em relação à verdade, não podemos insultá-la não procurando por ela ou declarando como verdadeiro apenas aquilo que já encontramos e "possuímos". A verdade é um valor tão precioso no nosso mundo que não podemos nos dar ao luxo de ignorar nenhum fragmento da verdade que encontramos. Portanto, proíbe-se que, de antemão e à distância, classifiquemos como inverídico aquilo que alguém, cujo mundo espiritual está muito distante do nosso, honra como verdade. No entanto, não podemos ler apenas superficialmente as escrituras sagradas dos outros e outros tesouros da sabedoria acumulados em suas tradições, como se estivéssemos "olhando por cima dos ombros deles"; precisamos estar abertos para conversar com eles, contanto que o desejem, e ouvi-los com respeito e apreço. Tentei compreender os tesouros de sua sabedoria – mas não consigo avaliar se consegui fazê-lo com a profundidade necessária. Mas o que sei com certeza é que esses encontros com aqueles tesouros contribuíram para o respeito e a confiança mútua. E não é este o tesouro que o nosso mundo mais necessita?

No mundo "dos outros" existem pessoas que odeiam nossa cultura, consideram-se nossos inimigos, tratam-nos com hostilidade e desejam a nossa destruição. Não podemos recuar diante da violência, é necessário proteger e defender os inocentes. Quando isso acontece, muito daquilo que eu disse acima perde sua validade. O ser humano só pode oferecer *sua própria* face se houver a esperança de assim deter o mal, mas jamais ele pode oferecer as faces dos outros; estas ele precisa defender, nós somos responsáveis por elas.

No entanto, podemos e devemos fazer tudo para que não cheguemos a esse ponto. Em muitos lugares ameaçados, ainda há tempo para prevenção e terapia daquela violência que ferve sob a superfície, mas que ainda não transbordou o ponto de obscurecer os cérebros humanos como o fazem a droga do ódio e a visão de sangue. Pois um diálogo sensato só é possível entre pessoas sóbrias.

Normalmente encontramos as raízes da inimizade atual entre culturas e religiões em experiências históricas muito antigas que nunca se curaram, que são transmitidas em lendas e mitos nos genes das culturas atuais. Nesses casos, uma cura exija talvez certa "manipulação genética" espiritual, moral e psicológica, uma intervenção no núcleo profundo da nossa identidade cultural como um grupo, uma reavaliação radical dessa "herança dos pais". As imagens dos inimigos, inculcadas na "subconsciência coletiva" de nações, etnias ou comunidades religiosas, precisam ser trazidas à luz, para assim reconhecermos como elas são absurdas e perigosas. O terror do holocausto teria acontecido se o antissemitismo tivesse sido desmascarado em tempo? Tantas pessoas teriam permanecido em silêncio quando milícias comunistas deportaram padres e freiras, camponeses e "capitalistas" se alguém tivesse protestado contra as acusações maliciosas e as caricaturas odiosas contra o clero e a "burguesia" e tivesse dito claramente que preconceito e generalizações falsas são veneno? As atrocidades do pós-guerra na fronteira da República Tcheca teriam acontecido se alguém tivesse contraposto ao grito de guerra "um bom alemão é um alemão morto" a declaração de Jan Hus: "Prefiro um alemão bom a um tcheco mal"? (Paixões nacionalistas e chauvinismo grupal são fenômenos de risco também em estádios esportivos, como nos mostram as brigas sangrentas cada vez mais frequentes entre as torcidas após um jogo.)

Quando Jesus falou sobre o amor aos inimigos ele usou intencionalmente essa expressão provocante, que pretende despertar a consciência adormecida pela repetição estereotípica de frases e meias-verdades sobre os "outros"; uma expressão que pretende abalar nossas aparentes certezas sobre quem "nós" somos, como nós somos e como são eles, o que devemos pensar sobre "estrangeiros" e como devemos tratá-los. Se fôssemos substituir essa exigência desafiadora de Jesus por uma "tolerância" mais fácil, isso não seria uma evidência de que continuamos fugindo daquilo que Jesus espera daqueles que confessam segui-lo?

10

O amor aos inimigos

Chegamos à conclusão de que o conceito humanista da *tolerância* – com todo respeito por esse ideal e por todos que se esforçaram e continuam a se esforçar a realizá-lo na realidade da vida – ainda não é a última palavra que seja capaz de expressar toda a gama da mensagem do amor ao próximo que encontramos no Novo Testamento. Ele exclui um aspecto do amor incondicional e ilimitado: o amor aos inimigos.

"Amai os vossos inimigos", ensina Jesus. Entre todos os mandamentos de Jesus, este é, para muitos, o mais difícil e exigente; para alguns, chega até mesmo a ser um mandamento totalmente absurdo.

Quando ouvimos a palavra "inimigo", vemos diante do nosso olho interior os rostos e nomes de uma série de pessoas: de próximos que talvez tenham causado danos traumáticos durante a nossa infância, de pessoas que não retribuíram, decepcionaram ou traíram o amor e a amizade, de concorrentes impiedosos ou incorretos em lutas da vida ou do trabalho e em concursos, ou de pessoas que defendem veementemente opiniões políticas ou religiosas que nos parecem inaceitáveis ou danosas. Em tempos de ocupação, em fases de regimes totalitários ou ditatoriais, o papel do "inimigo" se torna ainda mais nítido e dramático. Quando nos lembramos dos rostos desses tempos, "o sangue começa a ferver" e emoções desagradáveis tentam nos dominar; quando essas emoções são muito fortes e se não formos bons atores, os traços do rosto, a tonalidade da nossa voz e a expressão dos nossos olhos mudam. E Jesus espera que nos livremos desses sentimentos da noite para o dia e os substituamos por sentimentos de amor? Isso seria absurdo!

Sim, isso realmente seria absurdo; tentar fazer isso significaria muito provavelmente emaranhar-se em mentiras e ilusões próprias. Por um lado, porém, Jesus certamente não espera que cumpramos seus mandamentos da noite para o dia, de forma "rápida e barata"; na maioria das vezes, trata-se de um aspecto de um *processo de conversão vitalício*, que jamais será completo nesta terra. Por outro lado, os mandamentos de Jesus não se referem a sentimentos e sensações. Emoções negativas como ódio e raiva certamente prejudicam nossa saúde psíquica e física, e devemos aprender a processá-las e dominá-las pelo menos em certa medida. Mas isso é assunto de cursos em higiene psíquica e higiene relacional, mas não é um objeto da ética ou espiritualidade cristã. Aparentemente, Jesus não se interessa muito pelas ondas na superfície do lago da nossa psique ou por tempestades em copos d'água; ele se interessa por aquilo que vive e cresce na profundeza da existência humana, pelas raízes das nossas posturas fundamentais diante da vida.

O mandamento do amor aos inimigos é, evidentemente, um mandamento paradoxal, um *koan*, um enigma que não pode ser solucionado com métodos tradicionais; para chegar a uma solução, preciso meditar sobre mim mesmo. Uma antiga lenda chassídica me leva a uma possível solução: Ela trata de um homem que, atingido por duros golpes do destino, era torturado por doenças e uma miséria extrema, mas que preservava sua paz interior e um sorriso alegre. Quando seus vizinhos o perguntaram como ele conseguira preservar sua postura feliz a despeito de todas as catástrofes em sua vida, ele lhes respondeu com uma espontaneidade cativante: Vocês devem estar falando com a pessoa errada, nada sei daquilo que estão falando – jamais aconteceu algo ruim em minha vida.

Imagino um santo com muitos inimigos (como acontece com muitos santos e pessoas que "saem da linha") responderia à pergunta "como ele consegue preservar seu espírito leve e feliz tendo tantos inimigos": Vocês estão falando com a pessoa errada, nada sei daquilo que estão falando – pois não tenho inimigos!

Não se trataria de fechar os olhos diante de fatos evidentes, mas de um olhar que vê aquilo que está por trás dos "fatos", que vê o núcleo das coisas. Pois deixamos de ter inimigos no momento exato em que nos recusamos a demonstrar hostilidade, a percebê-los como inimigos, a entrar num *relacionamento* hostil. Uma inimizade é (semelhante à amizade) um relacionamento *mútuo*. Quando esse relacionamento não ocorre – e ele não ocorre quando não me entrego a ele –, inimizade e inimigo deixam de "existir objetivamente"[151]. Mesmo que *sensações* negativas persistam de um lado ou de outro, essas sensações hostis não significam ainda uma inimizade. Sensações ou sentimentos são como moscas que não conseguimos afugentar com nosso mero querer. A maneira como lido com meus sentimentos é meu "assunto privado"; amizade e inimizade, porém, não são, em sua essência, questões puramente privadas e unilaterais. Para uma inimizade ou amizade são necessárias duas pessoas, uma vontade mútua; a existência, o desenvolvimento e o fim de uma inimizade estão, portanto, em certo sentido nas mãos de cada um de nós.

Posso lidar com os sentimentos de raiva, agressividade e inimizade da mesma forma como lido com os "pensamentos" durante uma meditação zen: Eles vão e vêm, mas eu não os alimento, não os desenvolvo, mas também não tento recalcar ou reprimi-los; aprendo a observá-los sem envolvimento emocional, como que de fora: Na-

---

151. O Padre Josef Zverina costumava dizer aos seus torturadores na prisão comunista: "Apesar de todo seu poder, uma coisa vocês não conseguem – vocês não conseguem me obrigar a odiá-los". Se olharmos para os políticos e grandes empreendedores de hoje, que destroem o país e a sociedade – que não só abalam e roubam sua economia, mas também envenenam seu clima moral – eu repito para mim mesmo essa declaração de Zverina, quase como um mantra; mas não é fácil, ainda preciso aprender muito nesse ponto!

turalmente, continuarei a sentir de vez em quando esses ou aqueles sentimentos de raiva, impotência, mágoa, autocomiseração, desejo de vingança e todas as outras sensações deste ninho de víboras, mas deixo de me identificar com eles, eu *não sou* raiva ou inimizade. Eles são como um inseto inoportuno, do qual não consegui me livrar, mas que certamente não pretendo alimentar e cultivar. Não vou querer me transformar num sótão convidativo para ninhos de vespas, pois o maior prejudicado seria eu mesmo.

Estou querendo dizer com isso que o ser humano deva almejar uma visão externa tão espiritualizada que a confusão das lutas e dos conflitos humanos fiquem tão "abaixo dele", "abaixo de sua capacidade de discernimento" a ponto de não distinguir mais entre "nosso" e "deles" e a inimizade entre os homens não o afetar mais? Não, parece-me que esse tipo de esnobismo seria desumano. O ser humano não foi chamado para ver seu próprio eu e o eu de outras pessoas de um ponto de vista externo e superior. No relacionamento com aqueles que nos odeiam ou nos prejudicam, o homem não deveria se afastar orgulhosamente e ocupar um lugar distante e elevado. Pelo contrário, deveria tentar aproximar-se interiormente ao máximo do "inimigo". Deveria ter a coragem de olhar por trás de sua máscara de guerra e olhar em seus olhos – e então, após conseguir isso (quando não estiver mais dominado por suas projeções e seu medo paranoico), ele deveria tentar enxergar seu coração.

Richard Kearney fala sobre isso de modo muito certeiro: O mundo atual está cheio de monstros e fantasmas[152]. Nós mesmos os criamos transformando-nos mutuamente em demônios. E ele lembra o conselho que um psicanalista dá a um paciente atormentado por sonhos cheios de monstros: Tente nesses sonhos olhar para o rosto do monstro que o persegue, antes de acordar aterrorizado (e acrescento que podemos finalizar um sonho também no esta-

152. Cf. KEARNEY, R. *Strangers, Gods and Monsters*: Interpreting Otherness. Londres/Nova York, 2003.

do de meio-sono). Talvez você se surpreenda ao descobrir que esse fantasma não é tão diferente de você. Sim, diz Kearney, tentemos encarar nossos inimigos no sentido literal e tenhamos a coragem de admitir que eles se parecem mais conosco do que queiramos admitir.

Quero lembrar nesse contexto dois outros pensamentos, mesmo que corra o perigo de entediá-lo por repeti-los com tanta frequência. Mas eu os considero de suprema importância – principalmente em nosso tempo, que corre o perigo de vivenciar o *Clash of Civilizations* [choque das civilizações] com seus conflitos étnicos e religiosos.

O primeiro pensamento também remete a uma história chassídica: Ela trata de um rabino que responde à pergunta repetida sobre o momento em que a noite termina e o dia começa: É o momento em que há luz o suficiente para que sejamos capazes de distinguir no rosto de qualquer pessoa o seu irmão e a sua irmã. Enquanto não conseguirmos fazer isso, domina ainda a noite.

O segundo provém da psicologia profunda de C.G. Jung: Se não formos capazes de admitir nossa própria *sombra* e reconhecer aquele lado obscuro do nosso próprio caráter que nós mesmos rejeitamos, nós nos livramos deles muitas vezes por meio de um mecanismo de projeção: Atribuímos nossas qualidades negativas não admitidas e nossas "dívidas de vida" a outros – e de repente somos capazes de lutar contra eles (na verdade, contra nós mesmos, mas sem que o percebamos)!

Toda vez que odiamos alguém, que alguém nos escandaliza e irrita (e quanto mais irracional é o nosso ódio, mais ele nos domina), nós o vemos como que num espelho. Justamente aquilo que não suportamos naquela pessoa nos lembra muitas vezes de nós mesmos; é para nós uma lembrança irritante e desagradável, mas importante da verdade reprimida: Você é igual a ele! Quando alcançamos um autoconhecimento humilde, "nós integramos nossa sombra" e podemos recolher nossas projeções para dentro de nós mesmos. Isso não só aprofunda incrivelmente o nosso autoconhecimento, mas também purifica radicalmente os nossos relacionamentos. Falando nisso: A parábola de Jesus sobre o cisco no olho do irmão e a trave ignorada no próprio olho não aponta para algo semelhante?[153]

No contexto do amor ao inimigo, Jesus faz uma declaração que parece ser uma exigência igualmente irrealizável: Sede perfeitos! (Mt 5,48). Ser perfeito não significa a inerrância, mas sermos completamente nós mesmos. Enquanto não conseguirmos, num humilde *mea culpa* ("por minha culpa, minha tão grande culpa..."), assumir a responsabilidade por nossos lados escuros, nossos pecados e a dívida da nossa vida, enquanto os projetarmos sobre os outros, não somos completamente nós mesmos, não somos verídicos; somos uma máscara hipócrita sem rosto. Um autoconhecimento humilde cura não só nossos relacionamentos, mas também nossa superficialidade e fragmentação, nosso estado incompleto e fragmentário – ele nos cura e nos leva à integridade.

Na oração que nos ensinou, Jesus incluiu um pedido: Perdoa-nos nossas ofensas, assim como nós perdoamos aos que nos ofenderam. *Não querer* perdoar significa fechar para nós mesmos os portões da misericórdia divina. Ou seja, Deus subordina seu poder de nos perdoar da nossa disposição de perdoarmos aos que nos ofenderam. Vale também aqui aquela simetria surpreendente: A porta do coração que eu abro para aqueles que me ofenderam é a mesma porta por meio da qual a misericórdia divina se abre para mim em minha condição como ofensor.

---

153. Cf. Mt 7,3.

A disposição de perdoar e de pedir perdão está vinculada à minha disposição de reconhecer minha culpa, de desejar perdão; está vinculada ao reconhecimento de que eu necessito o perdão divino. Falamos aqui do pecado em toda sua seriedade, não dos muitos casos em que falhamos na tentativa de cumprir este ou aquele mandamento. Um pecado é uma *dívida* perante Deus – e essa dívida consiste essencialmente numa falta de amor, fé e esperança. Quem estiver sem esse pecado, que lance a primeira pedra!

Aprendemos a amar também no perdão. Sim, os resquícios de sentimentos feridos persistem muitas vezes, e também cicatrizes antigas voltam a se abrir de vez em quando. Mas não é essa a questão! Às vezes, *não somos capazes de esquecer*, porque as feridas ainda doem, mas isso não significa que não sejamos capazes de perdoar.

Deus quer que tenhamos um coração misericordioso, não uma memória que sofre de amnésia! Trata-se da maneira como lidamos com as cicatrizes das lembranças – se as abrimos derramando sobre elas o ácido do ódio e a sede de vingança, se permitimos que a lembrança dolorosa se desenvolva e transforme em um trauma que generaliza a experiência do nosso ferimento de modo doentio (não confiarei mais em *nenhum* homem, *jamais* voltarei a me expor a *qualquer um* em amor), ou se a confiamos pacientemente ao efeito curador do tempo e nos abrimos para aquelas experiências que refutam ou pelo menos questionam a nossa convicção, que nos leva à mágoa e ao cinismo, de que o mal sempre terá a última palavra na vida.

Perdoar significa não permitir que o desejo de retribuição nos envolva no jogo do mal; perdoar significa recusar-se a retribuir o mal com o mal. "Perdoamos a quem nos ofendeu" não é uma declaração de que já cumprimos essa tarefa, mas representa um compromisso de não recuar nesse processo de conversão do próprio coração – nesse processo que, em certo sentido, inclui – direta ou indiretamente, visível ou ocultamente – também aquele que nos machucou.

A ferida que causei em outra pessoa cura não só por meio da minha disposição de assumir a minha culpa, mas também quando aquele que sofreu a minha injustiça queima o meu ato mau na chama de seu perdão (e, portanto, também no perdão divino), quando ele pensa em mim ao rezar: "como nós perdoamos aos que nos ofenderam".

Quando seu inimigo estiver passando por necessidades, ajude-o, diz Jesus. Ele nos oferece um curso na terapia contra o mal mais importante, a única talvez que funcione: oferecer à pessoa irritada, magoada ou culpada a possibilidade de uma *experiência que corrige a anterior* – não dente por dente, olho por olho, mas: assim como Deus me trata, eu trato você. "Se levares em conta, Senhor, as culpas, Senhor, quem poderá subsistir?" pergunta o salmista (Sl 130,3). Aquele que vivenciou na profundeza que ele vive do perdão divino é capaz desse tipo de conduta. Jesus não diz: Esqueça o que aconteceu entre vocês – ele diz: Não permita que suas ações sejam determinadas por aquilo que aconteceu. Não seja prisioneiro do passado, abra o caminho para um futuro melhor.

Aquele que retribui igual com igual não é livre: Suas ações são meras reações, elas são definidas e determinadas pela conduta do outro. O princípio "Olho por olho, dente por dente" não diz o que o ser humano deve fazer, mas aquilo que ele não deve fazer: Em seu desejo de vingança ele não deve arrancar dois olhos após perder um olho ou arrancar dez dentes após perder um dente. Esse princípio obstrui o caminho do mal, da violência, do espírito de uma vingança desenfreada, mas não impede a generosidade. Esse princípio não ordena que temos a obrigação de retribuir igual com igual, mas ele nos proíbe de acrescentar à nossa vingança algo aleatório; mas não exige que desistamos completamente de vingança ou do nosso direito a uma restituição.

Jesus conhece o interior do homem, ele sabe como a centelha do sentimento de ter sofrido uma injustiça pode cair numa pilha de feno, como o vento do ódio pode causar um incêndio que se alastra e consome tudo que está por perto e como é difícil apagar esse fogo. A raiva tem um efeito semelhante ao do vinho num alcoólatra. Ele é incapaz de parar de beber na hora certa. Por isso, ele precisa desistir completamente do consumo dessa bebida embriagante.

Jesus quer que desistamos completamente do espírito da inimizade. Não devemos olhar para trás o tempo todo e lembrar a injustiça que sofremos, devemos olhar para o alto: "Sede perfeitos como o vosso Pai celeste é perfeito: Porque ele faz nascer o sol para bons e maus, e chover sobre justos e injustos" (Mt 5,43-48).

A metáfora do "Pai", que Jesus gostava tanto de usar para se referir a Deus, hoje, em decorrência da dissolução da família e da crise da autoridade paterna, é, para muitos, mais vazia do que as metáforas "pessoa" ou "céu". Símbolos são pontes que só servem como travessia na medida em que dizem respeito às nossas experiências. Não sou capaz de avaliar em que medida a palavra "Pai" é um som vazio sobretudo para os jovens, filhos de uma "sociedade sem pais"[154], uma palavra desvinculada de qualquer experiência ou até mesmo uma palavra que suscita associações dolorosas, lembranças de experiências traumáticas com o pai que não cumpriu seu papel de protetor bondoso e amoroso. (E a recente avalanche de revelações de tantos casos antigos de abusos cometidos por padres acrescentou a isso mais uma figura trágica.)

Aqui, porém, encontramos pelo menos uma razão significativa para preservar essa metáfora: Quando confessamos que Deus é *o Pai* de todos os seres humanos, nós nos comprometemos a ver todas as pessoas, a despeito de todas as diferenças, como irmãos e irmãs e a tratá-los como tais. O homem escolhe seus amigos, mas os irmãos ele tem: mesmo assim, e justamente por isso, vale que somos responsáveis por eles. À pergunta de Deus referente a uma pessoa qualquer, não podemos nos esquivar como Caim com a resposta padrão: Sou eu guardião do meu irmão? Nós *somos* guardiões de nossos irmãos

---

154. Uma alusão ao título do famoso livro do psicanalista alemão Alexander Mitscherlich (1908-1982): *Auf dem Weg zur vaterlosen Gesellschaft* – Ideen zur Sozialpsychologie. Munique, 1963.

e nossas irmãs. Temos responsabilidade por todos, inclusive por nossos inimigos.

A pergunta do Senhor poderia ser: O que você tem feito *para instruir seus inimigos (e assim também a si mesmo)*, para mostrar-lhes (e a si mesmo) que o amor e a amizade são um caminho melhor do que a inimizade, que o ódio é um beco sem saída da vida, que a solução para os conflitos se encontra na reconciliação e no perdão, não na intensificação do ódio e do espírito da vingança?

11

Se não houvesse céu, não haveria também inferno

"O amor perfeito joga fora o temor", lemos na Primeira Epístola de São João (1Jo 4,18). Como o amor faz isso?

Em primeiro lugar, dando-nos a coragem para superar o nosso egocentrismo, para não nos colocar em primeiro lugar. A maioria dos nossos temores não consiste no medo de algo, mas nas diversas expressões do medo por si mesmo. E também no temor pelo outro encontramos muitas vezes mais medo por nós mesmos do que gostaríamos de admitir (tenho medo de perder a outra pessoa). O medo em si certamente não é algo ruim. Jamais ter medo seria semelhante a jamais sentir dor, não seria nenhum heroísmo, mas sim testemunho de uma falta ou deficiência de processos de *feedback* da nossa psique, que podem ser muito úteis. Sensações de medo ou de dor são sinais importantes. Elas nos informam sobre um perigo iminente, sobre algo ameaçador que possa estar acontecendo dentro de nós ou ao nosso redor. Ignorar ou não sentir medo pode fazer com que a virtude da coragem se transforme no pecado de uma "confiança desmedida", com que assumamos desnecessariamente um risco perigoso em casos em que isso não é apropriado. Quando o ego humano é disciplinado e seu amor próprio é saudável, seu medo também não é patológico e covarde; mas, na maioria dos casos, é expressão de seu instinto de autopreservação.

Certa noite, no tempo do regime comunista, quando eu servia na ilegalidade como padre ordenado em secreto – e nem mesmo a minha própria mãe podia saber que eu era padre – recebi a visita de um amigo próximo, que havia sido parcialmente envolvido nas atividades da nossa rede ilegal e que tentava nos ajudar. Ele me trouxe uma notícia ruim: Um dos padres ordenados em secreto havia sido encontrado morto numa poça de sangue. Visto que ele havia mantido contatos com a Igreja ilegal na Rússia, as suspeitas se voltavam compreensivelmente para o Leste. Provavelmente, ele havia sido assassinado por um agente da KGB; mas até hoje esse caso não foi esclarecido. Na época, meu amigo me perguntou: "Você está com medo?" Eu respondi: "É claro que estou com medo, mas eu não ligo para ele". (Não posso negar nem confirmar a versão do meu amigo segundo a qual eu teria usado uma expressão mais drástica.) Eu tinha certeza de que não se tratava de não sentir medo, mas de não permitir que o medo nos domine e determine as nossas ações. Jamais podemos permitir que o medo assuma o leme da nossa vida.

Os regimes policiais na Europa Central e Oriental caíram, a Guerra Fria terminou há muito tempo, mas também a nossa civilização oferece muitas razões reais para muitos temores: Preocupadas, muitas pessoas observam uma possível autodestruição da humanidade, uma destruição irreversível do meio ambiente, as consequências sociais e morais de ações corruptas na política ou na economia, o problema da migração, conflitos culturais, terrorismo ou a desconstrução da natureza do homem com a ajuda de manipulações genéticas irresponsáveis e muitos outros perigos. Sobre isso já se falou e escreveu muito. Além disso, inúmeras fontes nos trazem notícias apocalípticas e previsões terríveis. Por isso, não surpreende que a maioria de nós passou a ignorar tudo isso ou a tomar conhecimento disso apenas subliminarmente, como os comerciais na TV.

A causa factual do aumento do medo não consiste, porém, naqueles fatos ameaçadores em si, mas no modo como nós os interpretamos e como nós nos posicionamos em relação a eles – e aqui a nossa filosofia de vida, nossas posturas morais e a nossa fé exercem uma função-chave. Se quisesse oferecer um diagnóstico *espiritual* das causas desse medo onipresente em nosso tempo, eu teria que mencionar dois fenômenos: o *selfismo* (a cultivação excessiva do nosso ego e o medo resultante pela sua própria existência) e a perda daquilo que, tradicionalmente, tem sido chamado "temor de Deus". Acredito que esses dois fenômenos estão profundamente interligados.

Hoje, três conceitos, que designam três fenômenos muito distintos, costumam ser confundidos: a *Furcht* (o pavor, uma preocupação concreta com algo ou de algo), a *Angst* (o medo, uma "postura" do ser humano, uma ansiedade interior sem causa externa concreta e visível) e a *Ehrfurcht* (um temor profundo diante do sagrado, incompreensível e indisponível). Pavor e medo são primariamente estados psicológicos, mas também representam um fenômeno cultural e social. O temor, que precisa ser distinguido desses dois, é, sobretudo, um fenômeno religioso, mas a medida de sua presença ou ausência também determina profundamente a cultura de uma sociedade e a psique do indivíduo.

Os iluministas vincularam a religião – sua origem e sua essência – ao pavor. Certamente existem formas patológicas de religião fundamentadas em pavor que propagam o pavor. Um fenômeno tipicamente religioso, porém, é algo totalmente diferente de pavor ou medo, i.e., o *temor* – a sensação de vertigem diante da grandeza e incompreensibilidade do sagrado, muitas vezes acompanhada pela vivência da insignificância, vulnerabilidade e finitude humanas. Talvez a admiração mencionada por Kant diante do céu estrelado acima de nós e o respeito diante do incondicional dentro de nós (a consciência, a lei moral) dê uma ideia daquilo que queremos expressar quando falamos do "temor de Deus".

"Podemos amar a Deus, mas precisamos temê-lo", afirmava C.G. Jung. Relutei durante muito tempo com essa afirmação de um sábio que, durante certo período, foi para mim uma das maiores e mais inspiradoras autoridades intelectuais. Durante a comparação com muitos outros textos desse autor, cheguei à conclusão de que, ao falar do "amor a Deus", C.G. Jung se refere muito provavelmente àquela familiaridade ingênua de algumas pessoas piedosas que, segundo ele, se esquecem de que o ser humano entende de Deus tanto quanto uma lagarta entende do Museu Britânico. Para ele, o "temor de Deus" não é um temor humano ordinário, mas aquela vivência abaladora da grandeza e sublimidade que acompanha a experiência religiosa mais fundamental: O encontro com o sagrado, com aquele "mistério fascinante e assustador"[155].

Deus é – e não me canso de repetir isso – a profundeza da realidade, que, para nós, é aquele *outro* radical, o mistério absoluto, que transcende não só tudo com o qual já tivemos contato, mas também aquilo que conseguimos imaginar na nossa fantasia. Quem nunca teve a sensação de *vertigem* dessa profundeza, não deveria, talvez, usar o conceito de Deus, pois correria o perigo de se referir apenas àqueles ídolos que produzimos em nossos pensamentos e que podemos manipular como bem entendemos. No melhor dos casos, negamos a esses produtos da nossa fantasia qualquer existência real (apesar de, mesmo assim, continuarem a existir e exercerem sua influência sobre nós), ou nós os subordinamos a nós mesmos, transformando-os em amuletos da sorte, em instrumentos para a realização de nossos desejos, em símbolos da nossa cultura, em ferramentas educacionais para disciplinar nossos filhos etc. Todas essas coisas são expressões de idolatria e superstição, da oposição direta à fé.

Sem a experiência daquela vertigem, daquele *temor sagrado*, que nos revela simultaneamente nossa finitude e imperfeição, cada fala de Deus é, assim suponho juntamente com Jung, vazia, inclusive a fala sobre o amor a Deus. Parece-me que muitos manuais

---

155. Rudolf Otto e outros clássicos da fenomenologia da religião chamam *o sagrado* simultaneamente um mistério tremendo e fascinante (*mysterium tremendum et fascinans*) (cf. OTTO, R., *Op. cit.*).

religiosos sobre o amor a Deus só "farfalham com o papel" e estão cheios de sentimentalidade doce e clichês de romaria, porque, aparentemente, seus autores nunca experimentaram aquela queda na profundeza do ser, aquela surpresa diante da existência do mundo, aquele barulho ensurdecedor causado pela ruína de todas as nossas certezas e construções intelectuais, quando, na janela da nossa alma, quebra o vidro das palavras e imagens e nosso interior é invadido por uma corrente de ar e luz tão forte que somos obrigados a fechar nossos olhos e prendemos a respiração.

É apenas em momentos assim que o ser humano compreende por que as pessoas do mundo bíblico sabiam que o ser humano precisa morrer no momento do encontro com Deus (pois em certo sentido isso é verdadeiro: algo morre dentro da pessoa) e por que Deus diz a uma pessoa que ele chama – por exemplo, um profeta ou Maria de Nazaré: "Não temas!"

O *temor* desaparece da cultura ocidental ao longo do processo da secularização desde o início do Iluminismo. Isso ocorre juntamente com a ênfase da grandeza e liberdade do ser humano, com sua soberania (e sua emancipação da religião). O que, porém, passa a ocupar o lugar vacante? Parece-me que o desaparecimento do "temor de Deus" abriu um espaço cada vez maior para o medo e o pavor, tanto na esfera secular quanto na forma da religião na Modernidade; muitas vezes, porém, trata-se de um pavor reprimido e não assumido.

Moldamos o nosso mundo em medida considerável por meio da visão que temos dele, por meio da nossa percepção e avaliação dos nossos próximos. O pavor não nos abre uma visão que antecipa o futuro (*pronoia*), mas projeta nossos medos do passado (*paranoia*) de forma doentia sobre o presente e o futuro. "O pavor tem olhos grandes", diz um provérbio – e quando olhamos os "outros" com esses olhos (p. ex., os imigrantes ou as minorias em nossos países) nós os transformamos em inimigos diante dos nossos olhos espirituais (e, em decorrência disso, também na realidade); muitas vezes, vemos inimigos também onde eles não existem. (Kant já falou da tolerância como direito de um estrangeiro de não ser visto como inimigo fora de sua pátria.)

O pavor de coisas e eventos concretos pode se transformar em um medo notório sem ponto de referência concreto, em um medo indeterminado de tudo e de todos: no medo. Kierkegaard definiu o medo como "vertigem da liberdade, que olha para baixo para suas próprias possibilidades". Testemunhas desse traço típico da Modernidade são Kierkegaard, Heidegger, Franz Kafka e toda a tradição existencial na filosofia e literatura, mas também muitas obras musicais e plásticas (basta lembrar os quadros de Edvard Munch ou Francis Bacon). Compreensivelmente, muitas escolas da psicoterapia se ocuparam com esse fenômeno e continuam a fazê-lo. No campo da teologia, foi principalmente Eugen Drewermann que se ocupou com ele. Ele analisou meticulosamente qual era a parte que determinadas formas de religião e Igreja ou determinadas formas de espiritualidade e piedade tiveram na "produção do medo" no decorrer da história[156]. O medo restringe o espaço interior da nossa vida em medida insuportável: Este se torna tão estreito a ponto de não sobrar espaço para a alegria e a liberdade; ele se torna tão apertado que não conseguimos mais respirar nele.

A respiração é uma metáfora muito apropriada para a oração ou a vida espiritual em si. Eu li um comentário lindo sobre a única tarefa do sumo sacerdote no Templo de Jerusalém ao entrar no Santo dos Santos uma vez ao ano: ela consistia em pronunciar o nome impronunciável de Deus, o tetragrama YHWH, aquele nome sem vogais. A tentativa de pronunciar todas essas consoantes de uma

---

156. Cf. DREWERMANN, E. *Kleriker, Psychogramm eines Ideals.* Olten, 1988.
• DREWERMANN, E. *Glauben in Freiheit oder Tiefenpsychologie und Dogmatik.* Düsseldorf, 1993.

só vez produz algo que se parece com um suspiro inaudível, com o ruído de uma respiração. O que, então, fazia o sumo sacerdote no Santo dos Santos do Templo? Ele simplesmente respirava na presença do Senhor, como afirma uma tradição rabínica[157].

Para curar esse pavor e esse medo, talvez seja necessário vivenciar aquilo que é designado pelo terceiro conceito e aquilo que as pessoas costumam relacionar aos dois primeiros, ou seja, o temor, o *temor do Senhor*: entrar no Santo dos Santos, prender a respiração na presença da majestade de Deus – e então respirar debaixo dele e dentro dele; com outras palavras: curvar-se e rezar.

Parece-me que, também na forma moderna da religião, o *temor*, aquela profunda experiência religiosa primordial, se dissipou. Temor é a reação ao caráter *ambivalente* do sagrado, a essa união paradoxal dos opostos, ao *complexio oppositorum*, como Nicolau de Cusa chamava a Deus. O sagrado é *mysterium tremendum et fascinans* – tanto assustador quanto fascinante. A concepção bíblica de Deus como mistério incompreensível (basta lembrar aqui o Livro de Jó ou a história do sacrifício de Abraão) substituiu sorrateiramente, passo a passo, a imagem banal de Deus que não continha mais o *lado sombrio*.

Foi justamente essa compreensão unidimensional e monocromática de Deus como um Deus "apenas bom" que foi criticada, por exemplo, por Nietzsche ou Jung. Se levarmos a sério a imagem bíblica de Deus, precisamos concordar com eles: Principalmente o Deus da Bíblia Hebraica ultrapassa radicalmente as nossas concepções humanas daquilo que consideramos bom e mal – e Deus é tudo, menos um velho bondoso nos bastidores do palco do mundo, do qual já sabemos o que podemos esperar dele.

157. Cf. KUSHNER, L. *God was in this Place & I, I did not know* – Finding Self, Spirituality and Ultimate Meaning. Woodstock, 1991.

Esse Deus banal e unidimensional, esse paizinho celestial bondoso, sempre serviu na religião para equilibrar uma visão de horror – o terror do inferno. Fantasias medievais e, sobretudo, barrocas de câmaras de tortura no submundo e os diabos fedorentos que dançam ao redor das grelhas sobre as quais eles assam as almas dos pecadores estão presentes também na piedade popular moderna e no repertório de sermões missionários populares. Ao rever a história do medo, o cristão deveria ser muito humilde: Não devemos esquecer que, tragicamente, também a Igreja Católica inverteu frequentemente os valores e, em vez de ensinar o "temor sagrado", o temor de Deus, ensinou o temor e que determinados tipos do protestantismo, sobretudo o puritanismo calvinista, infectou a alma europeia com o vírus de um medo profundo.

Apenas as experiências das tragédias e atrocidades do século XX conseguiram ofuscar as imagens tradicionais do inferno. Regimes que haviam prometido o paraíso na terra criaram em seus campos de concentração um inferno diante do qual as descrições religiosas tradicionais do inferno se tornaram risíveis. Ao mesmo tempo, a imagem banal de Deus como um Deus exclusivamente bom (como garantia de que vencerá aquilo no mundo que os *homens* consideram bom) perdeu sua credibilidade diante dessas tragédias.

Sem dúvida alguma, é bom que, hoje, o pavor do inferno tenha desaparecido do cristianismo, mesmo que muitos lamentem o fato de que os padres de hoje não falem mais sobre o inferno e que a Igreja tenha "fechado seu guichê escatológico"[158]. Mas eu ouvi pessoalmente alguns desses sermões infernais e confesso que, depois, sempre pensei que teria sido mais inteligente se o pregador tivesse se calado; pois na maioria das vezes ele permitiu involuntariamente

---

158. Cf. CODA, P. "Senza aldilà che fede è?" In: *Avvenire*, 18/11/2009, p. 22.

que seu público vislumbrasse os demônios e suas atividades nos cantos sombrios de seu próprio subconsciente, em vez de lhe oferecer informações sobre fatos escatológicos. Parece-me muito mais saudável aquela piedade que se expressa num antigo hino tcheco: "Deus, nenhum pavor me leva a amar-te [...]. Mesmo se não existissem um inferno e um céu, eu te amaria"[159].

A popularidade atual de exorcismos e exorcistas demonstra que as pessoas estão, em certo sentido, cientes da presença do "demônio do medo" em nossa cultura. No entanto, duvido que, nesses casos, um uso puramente mecânico daqueles antigos rituais da Igreja ofereça uma terapia adequada e suficiente. Eu confiaria antes no apelo de Jesus: "Convertei-vos – *transformai o vosso pensamento!*"

Mesmo assim, um recuo eterno diante do tema do mistério abismal do mal (*mysterium iniquitatis*) significaria degradar a esperança cristã para uma variante piedosa da ilusão socialista do paraíso como produto do progresso irrefreável no mundo. Da doutrina da liberdade, da nossa fé de que a liberdade é o maior presente que Deus deu ao homem e que ele respeita incondicionalmente, segue logicamente que Deus não pode *obrigar* o ser humano a aceitar, contra a sua vontade, a salvação, o perdão e a misericórdia. É teoricamente possível que um ser humano imponha sua vontade pervertida – seu desejo profundo "de que Deus não seja" – de modo tão consequente até o fim que ele realmente venha a perder Deus e se condene a uma alienação e separação duradoura e eterna dele. Mas a nós é proibido julgar um ser humano concreto e afirmar com certeza que, em seu caso, essa possibilidade trágica já se teria tornado realidade.

A Igreja nos oferece uma visão "do céu". Ela nos conta de inúmeras pessoas que alcançaram um fim vitorioso e encontraram descanso em Deus. A Igreja as lembra diariamente em sua liturgia; jamais, porém, ela teve o direito de relatar em termos concretos o

---

159. O hino *Deus, amar-te* provém do hinário barroco do boêmio Matej Václav Steyer, publicado pela primeira vez por Jiri Cernoch em Praga, em 1683. Ele é inspirado por uma oração de São Francisco Xavier.

que ocorre no outro polo da gama escatológica. Tampouco tem a autoridade de dizer se aquele lugar está completamente vazio ou lotado. Referente às visões daqueles que acreditam ter levantado o véu desse mistério, a Igreja sempre declara decididamente que se trata de "revelações particulares", que podem, no máximo, servir ao próprio visionário como ajuda para crer, mesmo quando se trata de santos. A projeção piedosa das próprias concepções sobre a porta trancada dos mistérios escatológicos levou não só à perda de credibilidade das fantasias barrocas das torturas infernais, mas também à falta de vontade de muitos fiéis atuais de refletir sobre essas coisas. Esse desânimo – uma reação aos séculos de terror psicológico nos sermões sobre as "últimas coisas" – não deveria ser interpretado apressadamente como perda da "fé na eternidade" ou como perda da fé em si.

Quando a fé nas últimas coisas precisa se despir das roupas dessas fantasias que realmente já não lhe cabem mais, que já se tornaram pequenas demais para ela, ela pode vestir o simples manto da esperança; mas mesmo se permanecesse apenas *uma fé despida*, ela não precisaria se envergonhar.

Alguns medos e temores antigos certamente desaparecem ou já desapareceram na cultura atual, outros surgiram. Medos sexuais, fruto da educação puritana, que se transformaram em neurose torturante em muitas pessoas, diminuíram felizmente ao longo das últimas décadas. É necessário reconhecer honestamente que a pedagogia e a psicoterapia, fundamentadas nas descobertas modernas das preleções vienenses de Freud e nos estudos de Kinsey contribuíram consideravelmente para que isso acontecesse; contribuíram também a literatura e o filme não censurados, a revolução sexual da década de 1960, a propagação em massa de contraceptivos, a percepção liberal do homossexualismo e muitas outras coisas. O outro lado menos refletido da destruição dos tabus relacionados à sexualidade e da libertação de repressões foi, porém, o êxodo gradual da sexualidade, dessa dimensão importante da vida humana, *da esfera do sagrado para a esfera do banal*, para o mundo do comércio e do entretenimento. Um crítico da comercialização da sexualidade pela indústria do entretenimento e da propaganda no nosso tempo o expressou com as seguintes palavras: Hoje em dia, sexualidade existe por toda parte, menos na sexualidade. Aquilo que os anúncios gritantes nas ruas das grandes cidades do Ocidente chamam de "erótico" pouco tem em comum com o eros no sentido antigo original da palavra.

Certamente é saudável que o medo tenha sido banido do paraíso da sexualidade; mas talvez sua expulsão dessa esfera tenha banido também parte considerável de seu apreço; talvez exista agora menos amor verdadeiro, talvez a cultura do carinho tenha diminuído, que é impensável sem o apreço. O fato de que não precisamos mais nos envergonhar de forma doentia da nossa sexualidade é bom; no entanto, isso não deve nos levar ao extremo oposto, onde a sexualidade perde sua proteção natural do privado e da intimidade. O fato de que hoje o conceito do amor coincide nos pensamentos e na linguagem de tantas pessoas com o conceito do sexo oculta, talvez, a possibilidade de uma compreensão mais profunda e de uma vivência plena de *ambos* os mistérios, do amor e da sexualidade. A *identificação* ingênua do amor com a sexualidade paradoxalmente não só oculta a *diferença* entre as duas esferas, mas dificulta sobretudo a *conexão* real entre elas.

Uma compreensão cristã da sexualidade no estudo das consequências da "liberação sexual" da década de 1960 não deveria se perder nos preconceitos da pequena burguesia e no maniqueísmo, que se esconde por trás da pudicícia puritana. Deveríamos tentar libertar as consequências da "liberação sexual" da superficialidade, banalização e comercialização e apontar a profundeza espiritual do amor erótico do qual fala a poesia do Cântico dos Cânticos, aqueles versos maravilhosos cheios do suco encantador de uma fruta amadurecida.

É provável que jamais conseguiremos identificar todas as causas daquele abalo do nosso mundo e daquelas nas concepções sobre sua razão e seu Criador. Já mencionei que me recuso veementemente a atribuir a responsabilidade por tudo isso à ciência, às descobertas científicas modernas e às mudanças na imagem do mundo que tenham causado[160]. Pois a estabilidade que a religião pode oferecer e muitas vezes realmente oferece ao ser humano não se baseia predominantemente numa "convicção", em concepções do mundo (estas são o domínio das ciências e da filosofia), mas na vivência existencial de um ancoramento na fé. Mas quantos existiram que foram capazes de lançar a âncora da fé em tamanhas profundezas onde as ondas e correntezas que tanto agitaram o navio da civilização europeia durante as tempestades do século passado não foram capazes de arrancá-la?

Realmente não consigo imaginar por que as mudanças provocadas pela biologia moderna, pela física, pela cosmologia, pela psicologia profunda, pela historiografia crítica, pela ciência da religião e por várias outras disciplinas científicas na imagem do mundo, na imagem do ser humano e na cultura deveriam abalar a *fé em Deus*, contanto que essa fé esteja ancorada profundamente no núcleo da existência humana e não precise ser equiparada com "concepções religiosas". Concepções religiosas são – como todas as concepções humanas – determinadas cultural e historicamente e sentem necessariamente os efeitos de todos os abalos históricos e mudanças culturais do mundo e da nossa percepção deste mundo. A "religião" como expressão sociocultural da fé é abalada de vez em quando

---

160. Mais sobre isso acima no cap. 4 (O Deus distante).

como qualquer outro aspecto da vida humana – às vezes mais, às vezes menos; mas por que isso significaria a extração e o questionamento da fé em si?

A crise da religião é, principalmente, uma crise das concepções (imaginações) religiosas e da linguagem usada para articulá-las – e ela afeta uma forma concreta da religião na mesma medida em que a ênfase estiver nessas concepções e em que ela dependa de um determinado tipo de linguagem. Quero falar um pouquinho mais sobre as concepções religiosas, principalmente sobre duas específicas.

Podemos dizer que Deus se encontra acima e além do bem e do mal, contanto que estejamos nos referindo às *nossas* concepções do bem e do mal, que refletem apenas os nossos sentimentos e nossas experiências necessariamente limitadas com as coisas no interior do mundo. Se Deus é Deus, ele transcende todas as concepções humanas, inclusive as nossas concepções do bem e do mal, de um Deus bom e também mau. Nossos conceitos expressam a nossa capacidade de perceber e compreender o mundo[161], mas não aquele que transcende o mundo radicalmente. Por isso, uma das tarefas constantes da teologia consiste na crítica às concepções e aos conceitos religiosos.

Se devemos rejeitar a concepção banal de *Deus como paizinho bondoso*, devemos nos resguardar igualmente contra a concepção oposta de um Deus rígido, intransigente e punidor. Essa ideia tem sido usada não só para aterrorizar e manipular crianças e pessoas imaturas, mas também para jogar em Deus a responsabilidade por atos humanos.

A imagem de um Deus que castiga as pessoas com guerras e catástrofes do tipo do holocausto sobrevive ainda hoje em certa

---

161. Lembremos mais uma vez o princípio de Santo Tomás de Aquino: *"Quidquid recipitur ad modum recipientes recipitur"* – Tudo que é percebido é percebido ao modo daquele que percebe – e também aquilo que o IV Concílio do Latrão acrescentou ao ensino da *analogia entis*, da semelhança entre a criação e o Criador: Essa semelhança sempre é superada por uma dessemelhança infinitamente maior.

medida, mesmo que, hoje em dia, essa imagem possa ser encontrada *mais frequentemente em ateus do que em cristãos*; evidentemente, essa imagem é usada por mais pessoas como alvo de sua crítica do que como objeto de sua fé. Para algumas pessoas, essa caricatura de Deus serve também como álibi bem-vindo para a justificação própria, como truque barato para rejeitar de forma simples e rápida toda a religião: Um Deus tão mau e vingativo precisa simplesmente ser rejeitado – e essa rejeição livra a pessoa ao mesmo tempo de todas as obrigações que uma fé religiosa poderia impor ao indivíduo.

A pergunta popular: "Como é possível que um Deus bondoso e onipotente permita guerras e o holocausto?" pressupõe tacitamente uma *imagem de Deus ingênua*, cujas qualidades (bondade e onipotência) são interpretadas segundo as medidas das concepções humanas de bondade e onipotência. A única resposta a essa pergunta sugestiva é que a bondade divina não consiste em nos privar da nossa liberdade e responsabilidade, em nos proteger das consequências dos atos e das ações humanas que levam a guerras ou assassinatos.

E precisamos dar um passo além e dizer: A concepção de um Deus cruel ou indiferente e inativo é apenas uma projeção, uma projeção das nossas experiências com a crueldade, maldade e indiferença humanas. A "bondade e onipotência" que imaginamos e cuja ausência constatamos em Deus e a crueldade e a inatividade das quais o acusamos são apenas *categorias humanas*.

Na minha opinião, apenas duas coisas podem ser compreendidas como verdadeira revelação divina na história: De um lado, o mandamento divino "Não matarás" e, de outro, a instrução de Jesus de amar e perdoar. Pois trata-se de valores radicalmente diferentes, que ultrapassam o nosso mundo de concepções humanas e os nossos medos, desejos e expectativas.

O *amor* do qual fala a Bíblia e que Jesus encarna e testifica é aquele "totalmente outro", é o modo da presença divina na história humana. Todo o resto com o qual nós seres humanos preenchemos a história é humano, demasiadamente humano, e, muitas vezes, desumano. Aquilo que Deus introduz nela e onde podemos buscá-lo é o amor. Eu sou cristão porque aceitei a fé nesse amor.

Quando quisermos ver o rosto desse amor – pois "ninguém jamais viu a Deus" – podemos olhar para a face de Cristo. Ele introduziu esse "totalmente outro" no mundo (é isso que expressa a imagem "ele desceu do céu") e tornou-se tão naturalmente *um sinal de contradição* (Lc 2,34). Ele foi aquele que *veio para o que era seu, mas os seus não o receberam. Mas a todos que o receberam, aos que creem em seu nome, deu o poder de se tornarem filhos de Deus* (Jo 1,12), de serem suas testemunhas. Eles também enfrentarão o mal durante toda a história, e nem a ele nem a eles será enviado um anjo da salvação fácil – esse tipo de anjos é enviado apenas pelo diabo[162]. Mesmo assim, não precisam temer: O amor perfeito afasta o temor.

"No amor não há temor, pois o amor perfeito joga fora o temor. Temor supõe castigo, e quem teme não é perfeito no amor", lemos nas Escrituras (1Jo 4,18), e poucas linhas abaixo encontramos a mais famosa e, talvez, a mais perfeita "definição de Deus": Deus é amor. Ele é esse amor perfeito que vence o medo – e quando a nossa fé e nosso amor estão arraigados nele, nós perdemos o medo, e o medo perde seu poder sobre nós.

Voltemos mais uma vez para as experiências históricas que encheram a humanidade com tamanho pavor o ponto de abalar a confiança religiosa de tantas pessoas. Será que a humanidade ocidental foi exposta a ventos excessivos do mal e da violência – a começar pelas guerras mundiais e ditaduras totalitárias – ou foi apenas a nossa sensibilidade social maior, a consciência dos direitos e da dignidade humana, que contribuiu para que nos conscientizássemos mais da absurdidade dos assassinatos em massa e da manipulação

---

162. Cf. Lc 4,10s.

cruel dos seres humanos? (Os pensadores africanos comentam com certa ironia e sarcasmo a nossa percepção do holocausto, do Gulag, dos genocídios armênios e das guerras mundiais: Queridas pessoas brancas e ocidentais, vocês se escandalizam apenas com o fato de alguém ter tido a ousadia de tratá-los da mesma forma como vocês vêm nos tratando há séculos.)

Chamou minha atenção o fato de que *a fé* em Deus de vários intelectuais judeus que vivenciaram Auschwitz e que eu pude conhecer pessoalmente não foi abalada por esses eventos (provavelmente, ela está profundamente inscrita em seu DNA), mas sim seu *amor* a ele. "Deus existe (provavelmente), mas não falo com ele; depois de Auschwitz eu me recuso a me comunicar com ele", disse um deles. Respeito profundamente a dor e as feridas desse inferno, que eu não vivenciei pessoalmente e que sequer consigo imaginar em toda a sua extensão, mas, quando ouço essas palavras, sinto calafrios.

Alguns, porém, não pararam de brigar com Deus e de acusá-lo – o Senhor se acostumou a isso desde suas experiências com Abraão e Jó, com os salmistas e profetas; não é nenhuma novidade na comunicação entre Deus e os homens, a história da fé está repleta de episódios desse tipo. Mas um silêncio amargurado e contínuo, a perda de qualquer interesse por Deus, pode significar um *esfriamento do amor*, uma ameaça muito mais profunda e perigosa a um relacionamento do que todos os conflitos e brigas – muitos vivenciaram isso no casamento ou numa parceria. O que é uma fé sem amor?

Às vezes, a frustração no amor leva a um ódio combatente – uma "decepção no amor" pode, certamente, ser encontrada na anamnese de muitos ateus passionais. Mas também nesses casos existe a esperança de que aquele ódio persista pelo menos na forma de uma relação de *amor e ódio* (como sugere a expressão alemã *Hassliebe*, composta pelas palavras "ódio" [*Hass*] e "amor" [*Liebe*]), de que, nesse ódio, o amor subsista em alguma forma – como ouvidos atentos podem perceber nitidamente nas "jeremiadas" de Nietzsche. Esse ódio é mais próximo do amor do que uma "devolução silenciosa do bilhete de entrada".

A teologia cristã e judaica "após Auschwitz" (*Post-Holocaust-Theology*), que já me inspirou muitas vezes e que tentei ampliar e aplicar a uma "Post-Gulag-Theology", responde ao ferimento da fé após as experiências históricas traumáticas. (É, porém, evidente que as vítimas do comunismo – de um regime que foi ateísta de modo mais ofensivo do que o nacional-socialismo neopagão, que tentou mascarar o ódio contra o Deus dos judeus e dos cristãos com a inscrição "Deus conosco" nas fivelas dos cintos – se firmaram ainda mais em sua fé religiosa por causa do sofrimento causado pelos comunistas. Muitas pessoas até encontraram a fé nesse ambiente e se converteram do ateísmo, do agnosticismo ou de uma participação meramente formal em uma das Igrejas para uma fé profunda.)

Uma forma muito radical – e para muitos cristãos certamente estranha – da "Post-Holocaust-Theology" é apresentada pelo rabino norte-americano e escritor inspirador Lawrence Kushner[163]. Ele divide eventos trágicos em "ruins" e "maus". *Maus* são aqueles eventos que foram causados pela maldade humana, pela má vontade: Fazem parte destes as guerras, os campos de concentração, os genocídios, atos de terrorismo, assassinatos ou também acidentes causados pelo desleixo ou pela irresponsabilidade humana.

O fato de acusarmos Deus desse mal e não os homens, essas criaturas livres, às quais Deus deu seus mandamentos claros, é absurdo e blasfemo – assim abusamos de Deus para nos livrarmos da nossa própria responsabilidade. A responsabilidade humana e a liberdade humana de não praticar o mal não podem simplesmente ser ignoradas; são uma dádiva e tarefa divina preciosa demais. Já tratamos desse tema.

Mas o rabino Lawrence Kushner também se recusa a atribuir a Deus a responsabilidade pelos "eventos ruins", que não são causados pelo homem, por exemplo, as catástrofes naturais. Estas também

---

163. Cf. KUSHNER, L. *God was in this Place & I, I did not know* – Finding Self, Spirituality and Ultimate Meaning. Woodstock, 1991, p. 57s.

preenchem o ser humano com medo e geram, às vezes, a concepção perversa de um Deus irado e furioso que se esconde por trás das mudanças climáticas ou processos geológicos, de um Deus que castiga a humanidade com irrupções vulcânicas, terremotos e inundações.

Deus não morreu após o holocausto, escreve Kushner, mas morreu a concepção de um Deus que se manifesta na natureza extra-humana – *apesar de encontrarmos essa concepção em uma série de textos do Antigo Testamento*. O rabino continua: Sabendo hoje que não podemos acatar ingenuamente as concepções cosmológicas dos autores bíblicos, não deveríamos acatar literalmente de forma semelhantemente ingênua todas as concepções religiosas culturalmente determinadas contidas nos estratos do texto bíblico. A descrição da ação de Deus na esfera extra-humana, o tremor das rochas e a separação das águas, são *metáforas* que jamais deveriam ter sido compreendidas literalmente, afirma o rabino Kushner e apresenta um argumento de peso: "Se o mundo da Bíblia fosse ontologicamente tão diferente do nosso mundo atual a ponto de permitir esse tipo de intervenções divinas, as verdades daquele tempo seriam irrelevantes para nós"[164].

Não quero abrir aqui o debate sobre a "desmistificação" da Bíblia, que não é nenhuma novidade na teologia cristã. (Parece-me que aqueles que, temerosos, perguntam "o que restaria da Bíblia" se interpretássemos a concepção bíblica da natureza como reflexo de concepções determinadas por aquele tempo e se a víssemos como uma metáfora, nunca se ocuparam a sério com a Bíblia; não existe razão para esse medo: a essência e o sentido verdadeiro da mensagem bíblica não se perde por causa disso, antes se destaca com uma clareza ainda maior!)

Outro rabino destaca com ênfase passional que não devemos procurar Deus nem por trás dos bastidores das guerras humanas nem por trás do palco das catástrofes naturais. Deus deu à natureza

---

164. Ibid., p. 57.

sua beleza e seu poder, mas ele *não a equipou com uma consciência moral*, isso ele reservou para os seres humanos, afirma o rabino Harold S. Kushner[165]. O Criador colocou grande parte da natureza em nossas mãos, por isso devemos tratá-la com sensatez e responsabilidade. Não existe, porém, razão sensata para compreendermos aquelas expressões por meio das quais a natureza demonstra seu poder sobre nós ou com as quais ela reage à nossa conduta irresponsável como chicote de Deus. Um Deus que é responsável por guerras é criação dos seres humanos, inventado para se livrar da responsabilidade pela maldade humana no mundo, para fugir do medo da absurdidade do mal, que se esquiva de todo controle humano.

É apenas quando o ser humano aceitar toda a dura verdade sobre a história e a natureza que ele conseguirá ver a majestade do Deus vivo por trás daquela ficção de Deus que criamos para a nossa própria utilidade: O Deus vivo não quer que aliviemos a verdade da vida com especulações religiosas semelhantes; ele nos desafia a reconhecê-las sem véu, a aceitá-las e a suportá-las. E para isso ele nos dá a força da fé.

Não deveríamos esperar da fé (e dos mestres da fé) respostas perfeitas a todos os mistérios perturbadores da natureza e da história. A fé nos oferece algo muito mais importante: a força de, diante de todos esses fenômenos, encarar a realidade plena e implacável com sinceridade e sem medo.

165. KUSHNER, H.S. *Conquering Fear:* Living Boldly in an Uncertain World. Nova York, 2009, p. 62.

12

Amar o mundo?

"O amor é o único poder capaz de unir sem destruir", escreveu Teilhard de Chardin. Essa afirmação é característica da fé de um homem que reuniu em sua pessoa um cientista, um teólogo e um poeta, da fé desse grande visionário da união planetária da humanidade no Cristo cósmico, no destino do "ponto ômega", do processo de uma evolução universal. Evidentemente, essa sentença foi uma resposta às tentativas dos regimes totalitários do século XX que pretendiam unir a Europa e o mundo com violência revolucionária. Teilhard acreditava que o cristianismo de amanhã, que despertaria em si mesmo o amor passional pela terra e pela matéria e a confiança nas forças criativas do ser humano e da natureza, traria o impulso necessário para o aperfeiçoamento do processo evolucionário da convergência com o universo. O cristianismo atual é capaz de transformar-se nessa força criativa e renovadora, ele está preparado para tomar a iniciativa?

À pergunta se o cristianismo ainda estaria usando fraldas, como suspeitava Teilhard, ou se ele já se encontrava no leito da morte, como haviam predito Freud, Marx e muitos outros, eu costumo responder que o cristianismo atual (pelo menos na Europa) está passando por uma fase de "falta de energia" – mas que a tarde da história ainda o espera. A tarde da vida é, porém – como afirmava

C.G. Jung[166], que, juntamente com Teilhard, desejava que o cristianismo de seu tempo se submetesse a uma terapia radical – o tempo importante do amadurecimento, uma oportunidade de transição das estruturas externas para os conteúdos internos, um tempo favorável para a descoberta dos tesouros que se escondem nas profundezas.

Apelos barulhentos que visam a uma "nova evangelização" me repugnam quando vejo por trás deles apenas novas tentativas de uma reconquista, de uma mobilização religiosa para a recuperação de posições perdidas no passado. Se uma "nova evangelização" quiser ser realmente *nova*, ela precisa se libertar da nostalgia do passado e trilhar o *caminho quenótico* do amor.

A construção de estruturas externas e a "cristianização", ou seja, o esforço de conquistar "para Cristo" novas regiões geográficas, espirituais e culturais, e de incorporá-las ao reino cristão já existente (da *christianitas*): esta foi a missão que os cristãos realizaram durante a *manhã* de sua história. Creio que uma "nova evangelização" deveria começar não com a conversão de pagãos, mas com a conversão dos cristãos, com uma conversão do externo para o interno, da letra para o espírito, do estático para o dinâmico, do "ser cristão" para o "devir cristão".

Se quisermos que esse movimento seja um retorno em algum sentido, ele não pode ser uma tentativa fútil de retornar para as formas históricas já passadas da Igreja, mas de retornar para aquele que, "subsistindo na condição de Deus, não se apegou à sua igualdade com Deus. Mas esvaziou-se a si mesmo, assumindo a condição de escravo, tornando-se solidário com os seres humanos" (Fl 2,6s.). Se quisermos seguir a Cristo, precisamos desistir do desejo de um lugar privilegiado do cristianismo neste mundo; cada um de nós precisa "tornar-se um dos homens" que levam a sério a solidariedade com as pessoas do nosso tempo, a solidariedade para a qual a Igreja

---

166. É assim que Murray Stein interpreta a relação de Jung com o cristianismo de seu tempo (cf. STEIN, M. *Jung's Treatment of Christianity*: The Psychotherapy of a Religious Tradition. Illinois, 1985).

se comprometeu com aquelas belas palavras no início da Constituição *Gaudium et Spes*: "As alegrias e as esperanças, as tristezas e as angústias dos homens de hoje [...] são também as alegrias e as esperanças, as tristezas e as angústias dos discípulos de Cristo"[167].

Não devemos temer que assim nós nos perderíamos nas multidões e, com isso, a nossa identidade cristã. Aquilo que nos distingue das massas de pessoas em nossa volta (mas aquilo que, ao mesmo tempo, nos une com aqueles que, voluntariamente, não teríamos firmado uma aliança) não será uma cruz em bandeiras nacionais ou em paredes de prédios públicos, mas justamente a nossa disposição de "sermos como servos". Essa orientação da vida (a *kenosis*, o autoesvaziamento) significa, em meio a uma civilização que se orienta predominantemente pelo sucesso material, adotar uma postura que é decididamente não conformista; aqueles que viverem dessa forma podem ser tanto o "sal da terra" oculto quanto a "luz do mundo" que não pode ser ignorada.

Vocês, cristãos – é assim que entendo a mensagem do concílio –, não são mais um "povo separado". Já o Apóstolo Paulo os guiou para além dessas fronteiras. Não tenham medo de entrar no mundo, de tornar-se um com as pessoas desse tempo com suas preocupações e perguntas, com seus medos e esperanças. *Chorem com aqueles que choram e alegrem-se com aqueles que se alegram.* Mas jamais esqueçam: Isso não é um convite para o *conformismo*, mas para o *amor*.

Um discípulo de Jesus pode amar o mundo? No Novo Testamento encontramos afirmações diferentes sobre esse ponto que – como sobre muitos outros – se contradizem, pelo menos à primeira vista, duramente. De um lado, lemos: "Deus amou tanto o mundo

---

167. *Gaudium et Spes*, 1.

que entregou o seu Filho único, para que todo aquele que nele crer não morra, mas tenha a vida eterna" (Jo 3,16). Mas de outro, lemos também: "Não ameis o mundo nem o que há no mundo. Se alguém ama o mundo, o amor do Pai não está nele. Pois tudo o que há no mundo – os maus desejos da carne, a cobiça dos olhos e o orgulho da riqueza – não vem do Pai, mas do mundo. Ora, o mundo passa junto com sua cobiça, mas quem faz a vontade de Deus permanece para sempre" (1Jo 2,15-17).

Talvez, porém, essa contradição seja apenas aparente. Aquele que ama e pode amar o mundo é Deus; Deus pode ser o "amante do mundo" justamente por ser completamente diferente, por não ser parte do mundo. Nós, porém, somos parte natural do mundo – por isso, não podemos amar o mundo da mesma forma, pois o nosso amor ao mundo seria sempre apenas um amor-próprio.

Apenas quando Cristo nos chama do mundo para o caminho do discipulado[168] e quando nós, por meio desse chamado e dessa eleição, "somos crucificados para o mundo, e o mundo, para nós"[169], apenas então podemos, por mais que isso pareça paradoxal, amar o mundo. Esse chamado não nos arranca do mundo, não nos separa das pessoas e de suas angústias e necessidades, de suas alegrais e preocupações, mas nos separa do "espírito deste mundo", da superfície que se dissolve e que se forma. Apenas então amamos o mundo "em Cristo e por meio de Cristo", ou seja, não com um amor que deseja se apropriar, mas com um amor *quenótico*, sacrificial e servidor ao exemplo de Cristo. Não existe amor maior do que este[170], e o último desejo de Jesus, o mandamento novo e eterno, a nova aliança[171], (que renovamos continuamente, sempre que celebramos a

---

168. Cf. Jo 15,16.
169. Cf. Gl 6,14.
170. Cf. Jo 15,13.
171. Cf. Mt 26,28; 1Cor 11,23-27.

Eucaristia, "a ceia do Senhor") é justamente essa forma extrema do amor: "Amais uns aos outros como eu vos tenho amado"[172].

Para o discípulo de Cristo, amar o mundo significa não o amar com o amor "acrítico" (deificador) e também manipulador "dos filhos deste mundo". Devemos estar alertas a esse tipo de amor, pois seria aquela *concupiscentia* descrita por Agostinho, "o desejo" – "o desejo da carne, o desejo dos olhos e a ostentação de bens"[173]. O amor com o qual devemos amar consiste na solidariedade e no serviço.

Um amor que *deseja* o mundo se refere ao *mundo dos objetos* (e também das pessoas vistas como coisas, como objetos da manipulação). Ele se refere ao "mundo do *id*" no sentido do famoso livro de Martin Buber[174]. Um amor solidário, quenótico, um amor que serve, se refere ao mundo das pessoas, ao "mundo do tu". Mas os elementos do mundo não humano não precisam ser apenas *o reino da palavra "id"*, eles também podem adotar o caráter do "tu" – podem tornar-se uma fenda pela qual podemos vislumbrar o tu absoluto. Isso pode acontecer, por exemplo, em relação a animais, a paisagens ou a tesouros da arte, contanto que assumamos uma postura em relação a eles que não os manipula, mas que os trata com caridade, carinho e responsabilidade reais.

Teilhard, que amava verdadeiramente a terra e a "matéria sagrada", não era nem um servo idólatra neopagão da natureza nem um materialista ateu dissimulado, mas um místico da presença divina na criação, que, como São Francisco de Assis, por meio de um relacionamento fraternal com a irmã matéria, descobria incansavelmente novas extensões do âmbito de Deus, do amor criativo e transbordante que não conhece limites. Sim, este amor – e apenas este – aponta para a fonte "de onde provém a mansidão e a bondade".

172. Cf. Jo 15,12.
173. Cf. 1Jo 2,16.
174. Cf. BUBER, M. *Ich und Du*. Leipzig, 1923.

Havíamos dito que só podemos amar o mundo "em Deus"; isso significa que só podemos amá-lo com aquela "visão do alto" ou distância crítica que a fé nos concede; mas, ao mesmo tempo, com aquela responsabilidade e calor cordial que são um presente da fé viva e do amor.

Quando estamos ligados a Deus por meio da fé e do amor, Deus nos concede nesse relacionamento com o mundo certa participação *em sua transcendência e em sua imanência*, ele nos capacita a "estarmos no mundo, mas não sermos do mundo", a sermos solidários; mas, ao mesmo tempo, não conformes. Estar *no mundo*, mas não ser *do mundo* – este é o próximo *koan* que, segundo o evangelho de São João, Jesus deu aos seus discípulos na última ceia[175]. Esta é a fonte do verdadeiro dinamismo da existência cristã no mundo, na sociedade e na história.

Sim, tanto a transcendência divina quanto a imanência divina se revelam hoje talvez com uma nitidez maior do que em qualquer momento do passado. Reconhecemos que Deus é *diferente*, muito mais diferente do que imaginávamos no passado, e, ao mesmo tempo, *mais próximo*. Mostrei em meus livros anteriores que também a proximidade radical de Deus é um modo de sua ocultação (assim como o nosso próprio rosto nos permanece oculto porque não podemos vê-lo diretamente, apenas seu reflexo invertido). Essa radicalidade de sua natureza oculta abre a porta para a liberdade humana. Ela nos permite (hoje talvez mais do que antigamente) escolher uma interpretação ateísta, "naturalista" dessa acessibilidade difícil de Deus, mas ela permite também ao mesmo tempo a liberdade da fé. O ato da fé é, hoje mais do que jamais, um ato da liberdade humana (antigamente, ele era apoiado em medida considerável pela imagem do mundo religiosa tradicional, transmitida culturalmente e sustentada socialmente); no entanto, não deixa de ser um *presente* livre de

---

175. Cf. Jo 17,15s.

Deus, da "graça". Se quisermos crer, precisamos de coragem para escolher e confiar.

Disso resultam dificuldades, mas irradiam também a beleza e a grandeza da fé especialmente no nosso tempo. A fé é exigente porque toma sobre si também a cruz da responsabilidade moral para não permanecer nas águas rasas dos sentimentos superficiais. Crer significa, portanto, assumir a responsabilidade da qual as pessoas costumavam se livrar jogando-a em Deus. Mas Jesus garante: *Meu jugo não pesa* (Mt 11,30).

Quando é que um fardo pesado não nos esmaga? Apenas quando ele é suportado por amor, com amor e para o amor. Apenas quando não pensamos em nós mesmos, mas sobretudo no outro. "O amor tudo suporta", ensina o Apóstolo Paulo (1Cor 13,7).

O problema-chave espiritual do nosso tempo não consiste em *demonstrar a fé aos que estão abalados* na fé (no sentido de convencê-los da existência de Deus), mas em vincular *a fé* novamente *ao amor*, pois apenas este tipo de fé é vivo e convincente. O primeiro passo imprescindível em direção à fé consiste na confiança. Devolver a uma pessoa "abalada" a confiança em Deus só pode ser feito se devolvermos a ela a confiança nos seres humanos.

Algum tempo atrás, li os resultados de um estudo sociológico sobre a orientação de valores na Europa. Revelou-se ali uma correlação surpreendente: Quanto mais baixa é a religiosidade em determinada sociedade, menor é também a confiança mútua entre as pessoas. Se realmente nos preocuparmos com o fato de que uma sociedade sofre com uma falta de confiança interpessoal (o que tem consequências fatais para a economia e a política, visto que a confiança é a precondição fundamental para o funcionamento da democracia, da atividade empreendedora e de um mercado econômico funcional), não deveríamos subestimar suas fontes espirituais.

A renovação da confiança (principalmente onde a cultura burguesa foi oprimida durante muitos anos ou abalada intencionalmente por um regime autoritário) é um processo de longo prazo. Certa vez, Alexander Soljenítsin respondeu à pergunta o que viria após a queda do comunismo: Virá um longo, longo caminho da cura.

Sim, nossa confiança no mundo humano não pode ser tão ingênua e acrítica a ponto de subestimarmos o mal e o perigo representado pelos poderes do mal. Uma renovação da confiança exige, porém, certa coragem e a disposição para um sacrifício. Para a nossa confiança no mundo vale o mesmo como para o nosso amor a nós mesmos: Quando ele falta, não somos capazes de amar ao outro e a Deus; quando ele é excessivo e acrítico, a nossa capacidade de amar aos outros e a Deus sofrerá o mesmo destino. Isso não deveria nos surpreender – pois "o mundo" somos sempre "nós". A expressão "o mundo somos nós" tem, porém, ainda outro possível significado: O mundo é sempre um *mundo do uns com os outros*.

Já há alguns anos ocupo-me com o pensamento de que o futuro do nosso mundo (e estou falando agora do mundo da nossa civilização ocidental) dependerá da capacidade do convívio e da compatibilidade mútua entre dois tipos de humanismo, o humanismo cristão e o humanismo secular. No espírito deste livro poderíamos dizer: entre dois tipos de amor ao mundo e às pessoas. Como eles poderiam inspirar-se reciprocamente, em que consiste o perigo da unilateralidade de um dos tipos que possa ser compensado pelo outro e vice-versa?[176]

Em certo sentido, o humanismo secular é um "filho indesejado" do cristianismo ocidental. Parece-me que chegou o tempo em

---

176. Nesse espírito, o então Cardeal Ratzinger e o filósofo Jürgen Habermas tiveram sua famosa conversa na Academia Católica em Munique.

que os cristãos deveriam parar de ver o humanismo secular como o "filho perdido", que deveriam parar de tratá-lo como algo inferior da posição do irmão mais velho obediente na famosa parábola de Jesus[177]. Chegou a hora de mudarmos nossa perspectiva e passarmos a ver a nós mesmos e o nosso próximo através dos olhos do pai incompreensivelmente generoso.

O pai daquela história nos será incompreensível enquanto não compreendermos seu segredo: seu amor incondicional, o amor incondicional pelos *dois* filhos. A Parábola do "Filho Perdido" ou, mais precisamente, dos dois irmãos e seu pai generoso contém uma advertência aos fariseus entre os judeus e cristãos: Sua virtude pode se transformar em armadilha do orgulho e da arrogância. Se vocês pararem de ver como irmãos aqueles que, durante tanto tempo, trataram como pecadores e vagantes, vocês – como o irmão mais velho na parábola de Jesus – poderão ter uma surpresa amarga ao verem como eles ultrapassam vocês em seu caminho para a casa do amor misericordioso, perdoador, generoso e incondicional do pai. Aqueles que "se perderam no mundo" podem aprender algo "lá longe, lá embaixo" que aquele, que nunca saiu de casa, já ignora ou menospreza.

Apenas quando o cristianismo atual levar a sério o humanismo secular e o aceitar como irmão, a cultura secular contemporânea poderá aceitar e levar a sério a fé cristã. Ambos os "irmãos" fizeram experiências valiosas em seus caminhos da alienação mútua e podem ensinar muito um ao outro.

Em minhas contribuições para a pergunta tão debatida sobre a identidade da Europa eu sempre ressalto o mesmo: A identidade da Europa moderna se baseia não exclusivamente no cristianismo nem exclusivamente no secularismo, mas na compatibilidade de cristianismo e secularismo. Se o cristianismo abandonar a Modernidade, ele voltaria a cair em bigotismo e fundamentalismo; e se o modernis-

---

177. Cf. Lc 15,11-32.

mo abandonasse por completo o cristianismo, ele também se transformaria em uma pseudorreligião intolerante[178].

Todas as crises e experiências trágicas da "Modernidade tardia", que o humanismo secular teve que absorver desde a Primeira Guerra Mundial (e acrescento aqui que sua unilateralidade contribuiu para uma série delas), foram ao mesmo tempo a oportunidade para um amadurecimento maior.

Ao lado de um secularismo militante e um "novo ateísmo" agressivo (que nada tem de novo além de sua intolerância surpreendente), encontramos hoje entre os herdeiros do racionalismo iluminista também autores sensíveis para uma dimensão moral, espiritual e, muitas vezes, sacral da realidade, oferecendo-se como interlocutores valiosos para os teólogos[179].

Seria extremamente tolo dar continuação à briga se devemos dizer "sim" ou "não" à Modernidade, uma briga que separou os cristãos durante tanto tempo e deixou ambos os lados exaustos (e que é em grande parte responsável pelo fato de as Igrejas terem perdido muitas oportunidades para se dedicar aos problemas reais e aos *sinais dos tempos*). A Modernidade faz parte da nossa identidade – justamente os "conservadores" estão mais arraigados nos paradigmas da Modernidade do que estão dispostos a reconhecer[180]; e o fundamen-

---

178. Exemplos dos dois extremos são conhecidos: de um lado as formas vulgarmente politizadas do catolicismo ou da ortodoxia misturadas ao nacionalismo e à xenofobia e, de outro, o ateísmo militante. Mais sobre isso em meu livro *Diwadlo pro andely* [Teatro para anjos] (Praga, 2010), sobretudo no capítulo "Deus e a estrela cadente".

179. Tenho em vista, p. ex., Jürgen Habermas (principalmente desde sua famosa palestra na Frankfurter Buchmesse logo após o 11 de setembro de 2001 e após seu diálogo com Joseph Ratzinger no ano de 2004), Herbert Schnädelbach e seu "ateísmo pio" (cf., p. ex., "Der fromme Atheist". In: *Neue Rundschau*, 118, 2007, p. 112-119, ou Slavoj Žižek em diálogo com John Milbank (cf. ŽIŽEK, S. & MILBANK, J. *The Monstrosity of Christ*: Paradox or Dialectic? Massachussets/Londres, 2009).

180. O teólogo jesuíta e professor emérito Dom Peter Henrici, de Zurique, afirma com todo direito que a designação "teologia moderna" se aplicaria melhor à teologia católica entre o Concílio de Trento e o Concílio Vaticano II, porque esse tipo de teologia (predominantemente negativa) era determinada pelo pensamen-

talismo, por mais que invoque a tradição, é um fenômeno tipicamente moderno.

Algum tempo atrás, uma universidade católica polonesa me convidou para fazer uma palestra sobre a pergunta se e em que extensão a Europa atual estaria descristianizada. Uma certa desproporção nas versões inglesa e polonesa do subtítulo sugerido para a minha apresentação chamou minha atenção. Na versão inglesa do subtítulo ocorria a expressão *"radical laicity"* (laicidade radical), enquanto a versão polonesa estampava o termo *"neopoganstvo"* (neopaganismo). Não são a mesma coisa! Protestei imediatamente. Talvez, porém, essa discrepância oculte um equívoco mais profundo, não apenas uma imprecisão na tradução; talvez muitas pessoas do mundo de hoje realmente confundam essas duas coisas.

Na minha opinião, a laicidade (o secularismo, o fruto da secularização) e o paganismo (também o "neopaganismo") são dois fenômenos completamente diferentes e até mesmo contrários. Se eu fosse representar o paganismo, o cristianismo e o humanismo secular (a laicidade) num gráfico, eu desenharia três círculos, inseridos nessa sequência no eixo cronológico. Melhor ainda, o paganismo se sobreporia em parte ao cristianismo e também haveria uma sobreposição parcial do cristianismo à laicidade.

O cristianismo, o humanismo secular e o neopaganismo (no sentido de diversas tentativas de um renascimento da religiosidade pré ou extracristã) se apresentam a nós hoje como ofertas autônomas[181], semelhante ao trio que encontramos no final da Antiguidade:

---

to europeu moderno. Principalmente em virtude da ênfase que ele dava ao cumprimento dos mandamentos divinos e à cultivação das virtudes, o "protestante Kant teria sido um padre oculto da Igreja" (cf. HENRICI, P. "Modernity and Christianity". In: *Communio*, 31, 2004, p. 140-151).

181. É necessário destacar que, quando usamos os conceitos do cristianismo, do humanismo secular e do neopaganismo, nós os usamos como tipos ideais

cristianismo, judaísmo e paganismo antigo. O trio atual está presente de forma ainda mais nítida na nossa cultura europeia do que o tão citado trio dos "monoteísmos abraâmicos", o cristianismo, o judaísmo e o islã, mesmo que o islã comece a exercer um papel cada vez maior no Ocidente.

Trata-se de três ofertas, de três caminhos diferentes. Nos tempos atuais, ocorre uma "interpenetração dos mundos" ainda mais intensiva do que na Antiguidade tardia, ocorrem misturas, tentativas de uma síntese, conflitos novos e antigos e novas alianças. Existem tentativas de construir uma aliança entre o cristianismo e a cultura secular, a partir sobretudo de um racionalismo científico, uma aliança voltada contra o "neopaganismo", sobretudo contra um espiritualismo esotérico e diversos cultos irracionais que florescem na tolerância quase irrestrita e no relativismo da sociedade pós-moderna. O defensor mais pronunciado dessa aliança é o Papa Bento XVI. Esse papa legitima seu apelo a "uma nova aliança de fé e razão" com a referência ao passo supostamente decisivo e irrevogável feito pelo jovem cristianismo, quando se aliou na antiga cultura não à sua religião (o paganismo), mas à sua filosofia, principalmente com os "iluministas" antigos, com os críticos filosóficos da religião. Essa convicção leva Ratzinger a declarações radicais que, em alguns pontos, lembram de forma surpreendente os proclamadores de um "cristianismo não religioso": "Portanto, a fé cristã não se baseia na poesia nem na política, essas duas grandes fontes da religião; baseia-se no conhecimento. [...] No cristianismo, o racionalismo se tornou religião e não é mais seu adversário"[182]. Outra variante da aliança entre o cristianismo e o humanismo secular é a cooperação na área civil e na política, sobretudo em iniciativas comuns em defesa dos

---

no sentido da sociologia de Max Weber; na realidade, essas três vertentes são incrivelmente diferenciadas.

182. RATZINGER, J. "Der angezweifelte Wahrheitsanspruch – Die Krise des Christentums am Beginn des dritten Jahrhunderts". In: *Frankfurter Allgemeine Zeitung*, n. 6, 08/01/2006, p. 1.

direitos humanos, da justiça social e da solidariedade (nesse ponto, os dissidentes da Europa Central, o Papa João Paulo II e os ativistas sociais cristãos nos países do chamado Terceiro Mundo desbravaram novas terras).

Existem, porém, também tentativas de aproximar o cristianismo ao "neopaganismo", uma aproximação em reação à nova receptibilidade para o sagrado e o místico. Essas tentativas se expressam principalmente na busca de um fundamento comum profundo no misticismo, que já Ernst Troeltsch identificou como terceira forma do cristianismo ao lado da Igreja e das seitas; ele até chegou a considerá-lo uma filosofia religiosa geral que estaria presente em todas as grandes culturas religiosas. Esse "grande ecumenismo", uma aliança supraconfessional e inter-religiosa das *pessoas contemplativas* é, às vezes, apresentado como defesa do ser humano diante das influências negativas da civilização tecnológica moderna, que teria gerado a racionalidade secular ocidental, uma civilização alienada do ser humano, da natureza e de Deus. Fazem parte disso iniciativas de encontros meditativos inter-religiosos e, por exemplo, também a cooperação no campo da ecologia, da proteção da criação contra as investidas destrutivas de uma civilização do crescimento irrestrito.

Comecei com a distinção entre paganismo e laicidade. Quando, porém, o cristianismo não consegue ser uma força inspiradora para a cultura atual e quando ela se isola em seu medo, abre-se um espaço para uma terceira aliança, para uma conexão especial entre a "nostalgia da religiosidade pagã" e o consumismo da cultura secular.

Aquilo que a sociologia atual descreve com o chavão do "retorno da religião" resulta, em grande parte, no neopaganismo. O anseio pelo sagrado, a sede de espiritualidade, principalmente quando este não encontra uma oferta autêntica no ambiente eclesiástico, gera um esoterismo dos mais diversos tipos, diferentes variações de motivos do Oriente ou de um passado distante (a adoração céltica das forças naturais e semelhantes). A cultura secular também sente a seca e, por isso, abre seus mercados para esses novos produtos religiosos.

O mundo desmistificado (lembramos aqui Max Weber) se oferece a novos encantos e feitiçarias – sim, isso também pode significar a "era pós-secular", expressão essa que já mencionamos e que hoje está se difundindo por toda parte.

A Europa está descristianizada? Em certo sentido não: Em primeiro lugar, o cristianismo tradicional não está tão morto quanto as mídias seculares gostam de afirmar; em segundo lugar, também a cultura secular dominante do Ocidente atual ainda ostenta muitos traços que provêm de uma origem cristã (mesmo que ela não o reconheça).

Sob outro ponto de vista, porém, a Europa atual – pelo menos grande parte dela – está consideravelmente descristianizada. O cristianismo perdeu a função política da religião como elo universal e se mudou da esfera da política para a esfera da cultura. O conceito *religião*, que sempre usamos para designar o cristianismo sem percebermos o quanto o significado dessa palavra foi alterado ao longo de poucos séculos, aponta hoje para um setor específico da cultura[183]. Por isso, o Ocidente, já acostumado a um cristianismo politicamente pacificado, se surpreendeu e se escandalizou com a repolitização daquela religião que está se propagando cada vez mais: o islã.

Em relação à repolitização global atual e à desprivatização da religião, tão discutida pelos sociólogos[184], a religiosidade da maioria dos cristãos europeus permanece um "assunto particular", que se esquiva cada vez mais do papel socializador e controlador das instituições religiosas. Não me surpreende, mas me preocupa o fato de que alguns círculos cristãos reagem a isso com uma convocação à guerra (principalmente a *Religious Right* norte-americana), que chamam os seus fiéis para uma mobilização político-religiosa e para

---

183. Marcel Gauchet afirma que o cristianismo se mudou da infraestrutura da sociedade, da vida pública e privada, para a "superestrutura", para o âmbito cultural (cf. GAUCHET, M. *Le Désenchantement du monde – Une histoire politique de la religion*. Paris, 1985).

184. Cf., p. ex., Marc Juergensmeyer, José Casanova, Gilles Kepel.

uma "guerra das culturas" contra o secularismo moderno e o "perigo muçulmano". Cruzadas contra a Modernidade estão perdidas antes mesmo de começarem; os dois lados dessa guerra só podem perder – e o cristianismo poderia trair a sua essência se permitisse sua transformação em uma ideologia política.

A vitória cultural do liberalismo no Ocidente parece ser irreversível. Mesmo assim, a luta decisiva pela forma da nossa civilização – sobretudo da Europa unida – será travada *dentro do liberalismo*, entre dois projetos liberais. Preocupa-me muito o fato de que ambos os "lados" dentro do cristianismo atual (o lado dos tradicionalistas, que rejeita completamente o liberalismo, e o lado dos "progressistas", que simpatiza com o liberalismo de modo excessivamente acrítico) não são capazes distinguir entre os dois projetos. Trata-se de uma luta entre duas versões do liberalismo, descritas com grande precisão pelo filósofo britânico contemporâneo John N. Gray[185]: entre o *modelo pluralista*, que pretende criar um espaço de respeito mútuo e de liberdade para todos (inclusive a religião), e o *modelo universalista*, que apresenta o liberalismo como ideologia autoritativa (muitas vezes acompanhada de um secularismo agressivo e intolerante); entre o liberalismo como *projeto de coexistência*, que pode ser realizado em muitos sistemas, e o liberalismo como regimento para um sistema que reivindica validade universal.

Muitas das crises atuais (e não só a econômica) são evidentemente uma consequência do fato de que, após a ruína de muitas estruturas da Modernidade (p. ex., a queda do império marxista), a sociedade não conseguiu encontrar um *estilo verdadeiramente novo*. Ao longo dos séculos, o cristianismo gerou uma série de estilos culturais, que formaram a arte, a filosofia, a espiritualidade, as estrutu-

---

185. Cf. GRAY, J. *Two Faces of Liberalism*. Cambridge/Oxford, 2000.

ras sociais e também os modos de pensar e viver das pessoas. Um sinal preocupante da impotência cultural e espiritual do catolicismo do século XIX foi sua preferência por pseudoestilos – foram construídas igrejas neorromanas, neogóticas e neobarrocas, cultivaram-se o neotomismo e a neoescolástica –, mas aqueles pastores da Igreja pouco se pareciam com aqueles servos sábios que, segundo as palavras de Jesus, apresentavam coisas *novas* e antigas. A *novidade* fazia uma falta tremenda, ou – bastava que desse sinais de dores de parto – ela era arrancada tola e insensivelmente por aqueles que, a despeito da advertência explícita de Jesus, se portavam como os anjos do Juízo Final e jogavam fora o trigo juntamente com o joio[186].

Será que os cristãos, assim que começarem a representar uma minoria no Ocidente, se unirão para formar uma *minoria criativa*, como Bento XVI os incentivou repetidas vezes, ou um gueto fechado e infértil? Em outras palavras: Surgirá dessa minoria um *estilo novo*, que servirá de inspiração também para as pessoas que se encontram fora dessa minoria?

Confesso que, quando ouvia os grandes papas Paulo VI e João Paulo II usarem a expressão "civilização do amor", eu me perguntava se essa expressão não era apenas um chavão pio ou um projeto utópico-idealista. As pessoas que experimentaram na própria pele a tentativa de uma transposição do mundo de Orwell, inclusive de seu "ministério do amor", para a realidade política na segunda metade do século XX, são alérgicas a esse tipo de chavões. Mesmo assim, gravou-se permanentemente em minha memória aquela sentença com a qual abri este capítulo, aquela sentença do grande profeta da globalização (nas palavras dele: da civilização planetária) Teilhard de Chardin: O amor é o único poder capaz de unir sem destruir.

---

186. Refiro-me sobretudo às caças paranoicas no contexto da chamada "luta antimodernista" no limiar do século XX, que significou uma autocastração do catolicismo e que paralisou as capacidades da Igreja de influenciar a cultura moderna de modo realmente criativo e de se opor aos esforços de marginalizar a Igreja na sociedade moderna.

Não são as sombras e os aspectos destrutivos daquele movimento irreversível da unificação do mundo e da penetração das civilizações, que hoje dificilmente podem ser ignorados, também uma expressão do fato de que esse poder já não ocupa mais um espaço suficiente no mundo atual, de que – para usar uma expressão bíblica – "o amor de muitos esfriou"? Seremos capazes de, a partir do processo da globalização, criar uma cultura da comunicação, de ousar aquele passo da tolerância em direção a um amor incondicional sem limites? *That's the question*, diria Hamlet, o príncipe dinamarquês; ela decidirá o nosso futuro – o nosso ser ou não ser.

13

Mais forte do que a morte

"O amor é mais forte do que a morte" lemos – com referência a um versículo no Cântico dos Cânticos da Bíblia (cf. Ct 8,6) – em lápides e obituários e ouvimos em discursos fúnebres em enterros. Mas será que ele é também mais forte do que a *morte de Deus*? A morte de Deus, proclamada pelo louco em *A gaia ciência* de Nietzsche, aquele assassinato inconsciente e mantido em perfeito sigilo e pelo qual as pessoas ainda não assumiram sua responsabilidade, não se manifestou na forma do caos cósmico que Nietzsche descrevera naquele texto. Talvez fosse mais adequado falar de uma *morte silenciosa de Deus na língua*: Primeiro a palavra "Deus" desapareceu sorrateiramente das publicações científicas ("Não havia necessidade dessa hipótese"[187]), depois também dos escritos filosóficos, da linguagem acadêmica das universidades, dos preâmbulos das constituições, do juramento das testemunhas nos tribunais, dos discursos dos políticos, às vezes até mesmo dos púlpitos dos pregadores – e caso tenha subsistido na língua do dia a dia, provavelmente na forma de um xingamento.

"Por que você ainda fala de Deus, por que você teima em reintroduzir na língua essa palavra velha, esvaziada, enganosa e indeter-

---

187. Uma alusão à suposta resposta de Laplace à pergunta de Napoleão por que ele não mencionava Deus em seu sistema científico.

minada, cuja ambiguidade e problemática você conhece tão bem?", pergunta-me um colega na universidade, um seguidor confesso do humanismo secular. "Se você alega que Deus é amor, não basta usar o termo 'amor'? Você quer que eu, ao ler um de seus textos, apague mentalmente a palavra 'Deus' e a substitua pela palavra 'amor'? Seus livros se tornariam muito mais inteligíveis para mim. E qual seria a diferença? Isso não aproximaria ainda mais a sua filosofia do amor das experiências da vida?"

Ao contrário dessa posição, a minha intenção é ampliar um pouco as "experiências da vida", inspirá-las e enriquecê-las apontando para a fonte e o fundamento da vida e do amor. Para mim, a palavra "Deus" não aponta para algum lugar nos bastidores do mundo, mas para a sua profundeza esquecida. Não, não prego nenhum "platonismo para o povo", que menosprezaria este mundo e nossa experiência nele como mero reino das ilusões e das sombras, como reflexo irreal de algum reino das ideias divinas eternas e imóveis no além. O Deus do qual eu falo não reside em algum lugar acima da nossa realidade, mas diretamente no movimento da vida e do amor. Nós *temos parte* nele na medida em que imergimos na vida e na vida do amor; *temos parte* dele na medida em que deixamos de surfar apenas na superfície da vida e deixamos de ver o amor apenas como um parque de entretenimento.

Nossas manifestações amorosas são, muitas vezes, uma *reação* a algo, elas são provocadas e determinadas por algo (p. ex., pela beleza ou bondade de determinada pessoa) e, não raramente, elas vêm acompanhadas da expectativa de uma reciprocidade; amamos aqueles que nos amam, diz Jesus. Quando falo do amor divino e de Deus como amor, estou falando de um *amor absolutamente incondicional*. "Deus não nos ama porque somos pessoas boas. Deus nos ama porque Deus é bom", explica um autor contemporâneo a essência da mensagem do evangelho sobre Deus[188].

---

188. Cf. ROHR, R. *Pure Präsenz* – Sehen lernen wie die Mystiker. Munique, 2010, p. 92 [orig.: *The Naked Now* – Learning to See as the Mystics See. Nova York, 2009].

Sim, talvez o profundo amor materno se *aproxime* mais desse amor incondicional: Uma mãe também não ama seu filho porque ele é bonito, bom, educado ou hábil, ela o ama também quando seu filho não é nada disso; ela o ama porque é *seu* filho. Ao amor divino, porém, nenhum filho, nenhum ser humano (nem mesmo o pior) e nenhum aspecto deste mundo é *estranho*. Ele ama todos, e ele ama todos igual e plenamente.

Existe esse tipo de amor? O *mundo* não pode dá-lo – e é justamente por isso que falo de Deus. O mundo certamente não é objeto de uma vivissecção, que me permitiria dissecar tudo que é real para então exclamar vitorioso: Achei! Aqui estão Deus e o amor, venham ver! Talvez, porém, seja uma sala de concerto, no qual, quando eu me deixo levar pela sinfonia da vida, eu possa ouvir ou experimentar por um instante algo dessa intensidade e beleza incompreensível daquele amor *absoluto*. Mas a festividade de um momento desse tipo consiste também na impossibilidade de transpor essa intensidade completamente para o dia a dia, pois ela transcende o dia a dia num sentido fundamental – este é, também, o sentido de um feriado. Não posso construir aqui para mim mesmo "três cabanas" e, por meio de minha própria força e do meu próprio desejo, criar o céu na terra. O sagrado não pode ser manipulado. Este é um de seus distintivos fundamentais.

Retomando a metáfora da sala de concertos: O lugar da vivência extática da alegria e da beleza é, sem dúvida, o amor entre as pessoas, principalmente o amor entre um homem e uma mulher. Quando ele é profundo e sincero, nele se efetua sempre em certo sentido aquela "convergência cósmica", se me permitirem usar esse termo de Teilhard de Chardin. Nele se cumpre e se supera ao mesmo tempo aquela polaridade que Deus inseriu na criação como fonte de toda dinâmica e fertilidade. Por isso, o amor entre um homem e uma mulher e também a sua expressão física eram para os místicos ao longo de todos os séculos e em todas as religiões o símbolo mais eloquente do amor entre Deus e o ser humano. Essa é, também, a razão pela qual o relacionamento amoroso entre duas pessoas do mesmo sexo jamais apresenta – com todo respeito diante da riqueza emocional – a mesma qualidade quanto a relação entre um homem e uma mulher. Deus fez desse amor entre um homem e uma mulher, a conexão entre esses dois polos *inconfundíveis*, o santuário da transmissão da vida e a antessala do *Santo dos Santos*, do mistério de sua vida interior, de seu amor inconfundível e absolutamente incondicional. A afirmação "Deus é amor" possui o mesmo conteúdo da afirmação "Deus é a união das oposições" – o amor é a união do desigual, sim, até mesmo do oposto.

Sim, a chave para o encontro com o amor que tudo transcende o que o olho humano já viu, que o ouvido já ouviu e que jamais entrou na mente humana não se encontra exclusivamente nos altares dos templos construídos pelo homem; podemos encontrá-la no *amor humano* –, mas apenas na profundeza, não na superfície com a qual tantos se contentam que exploram o amor em todos os seus aspectos. As Escrituras dizem sobre o amor verdadeiro que ele prefere doar a receber. E o amor do qual estamos falando aqui *doa a si mesmo*.

Apenas na autoentrega total o amor humano é a imagem do amor incondicional e absoluto, por causa do qual e para o qual eu defendo a palavra "Deus".

"Ninguém tem maior amor do que aquele que dá a vida por seus amigos", diz Jesus no evangelho de São João durante a última ceia. E no dia seguinte ele amplia essa declaração pelo seu sacrifício na cruz: Ele se entrega por todos, *também por seus inimigos*, e pede perdão também por aqueles que o matam. O amor de Jesus rompe todas as barreiras, sua expressão é o perdão – a liberdade absoluta do espírito da vingança e da inimizade.

Quando os cristãos falam do amor absoluto, eles costumam apontar para a cruz, para o sacrifício da vida de Jesus – e certamente estão corretos ao fazê-lo e o fazem em harmonia com as Escrituras e toda a tradição teológica. Eu suspeito, porém, que o sentido daquela palavra de Jesus sobre a entrega da vida não se esgota na referência à cruz e nos incontáveis mártires que morreram por sua fé. Existem também sacrifícios cotidianos, sem drama e sem derramamento de sangue, de "entrega da vida".

Com todo respeito pelos mártires de sangue, não deveríamos ignorar nenhum ato de autoentrega. Também um ato de autodoação totalmente cotidiano pode ser expressão daquele "amor heroico", para emprestar o termo dos decretos da congregação papal para a beatificação, principalmente quando esses atos consumirem a vida humana de modo duradouro, silencioso e sem chamar atenção (e também sem a esperança de chamar a atenção da congregação acima mencionada). A minha prática pastoral me mostrou não só as fraquezas e os pecados humanos, mas também o fato de que existe um número muito maior desses altares ocultos e humildes do que pensamos. Todos os dias são feitos sacrifícios muito valiosos nesses altares.

Quando falo do amor divino com um respeito profundo, meu respeito se dirige também a todos que o levam pelo mundo afora. E quando justamente estes testificam do fato de que eles vivenciam esse amor e sua força como um *presente*, isso não é apenas uma frase vazia de uma humildade fingida. Para eles, a palavra "Deus" não é apenas um ornamento linguístico que poderia ser banido da língua. Eles designam com ela aquele "de onde", aquela fonte da qual bebem a perseverança no caminho do amor altruísta. E não temos o direito de apequenar o seu testemunho.

No contexto da "doação da vida", a palavra "morte" não nos remete apenas aos mártires. Também a "morte cotidiana" pode ser um ato de autodoação, uma doação de vida – e essa postura em relação à morte pode ser também uma alternativa para a concepção trágica e temerosa da morte. Mas para que o ser humano possa ver a morte como presente, ele precisa vivenciar primeiro e profundamente que a vida é um presente.

Se existe uma base primordial para uma relação religiosa com a vida, essa base não consiste em concepções de Deus e de deuses, mas na consciência profunda de que a vida é um presente. Se existe algo realmente desprovido de Deus, trata-se do desrespeito ingrato diante do fato fundamental de que a existência da nossa vida não é algo evidente e natural, diante do fato de que nós fomos presenteados a nós mesmos; realmente desprovida de Deus é a concepção banal da vida como um "acaso", como fato meramente biológico sem qualquer conteúdo e sentido espiritual. Vale reconhecer o caráter da vida como presente não apenas num nível teórico, mas vivenciá-lo profundamente. Certamente, essa "vivência profunda" não precisa ter o caráter de uma experiência mística extraordinária; estamos falando aqui mais do "misticismo do dia a dia" – o ser humano redescobre essa realidade em cada ato e em cada vivência e é grato por ela.

Quando alguém conhece essa vivência e se recusa a falar de Deus nesse contexto – preferindo falar de gratidão à própria vida ou à natureza – isso significa apenas que a sua concepção pessoal de Deus é limitada demais para abarcar essa vivência e que ele usa os conceitos de "vida" e "natureza" apenas como "pseudônimos" para a palavra "Deus".

Mas por que deveríamos deificar mitologicamente a vida e a natureza? Existe uma palavra que já expressa aquilo que sustenta a natureza e a vida, mas que, ao mesmo tempo, as transcende infinitamente. Por que deveríamos deificar algo que não é Deus? Por que deveríamos tratar o determinado como algo indeterminado? Por que deveríamos tratar como absolutos os fenômenos da vida? Temos uma palavra que designa o próprio absoluto, um absoluto que nos permite relativizar tudo que não é absoluto. Uso a palavra "Deus" com comedimento; uso-a exclusivamente para designar aquele mistério último, aquele desconhecido que transparece na vida. Por que insistimos em afirmar – a despeito de todas as experiências contrárias – que já conhecemos tudo e que, mais cedo ou mais tarde, penetraremos aquilo que ainda não conhecemos com a luz da nossa razão e de seus instrumentos? Não seria mais humilde e, ao mesmo tempo, mais sábio afirmar com Pascal que o maior desempenho da razão consiste em reconhecer seus próprios limites, ou aceitar a "definição de trabalho de Deus" de Anselmo segundo a qual Deus seria aquilo acima do qual não conseguimos imaginar nada mais alto?

Quando compreendo a vida como presente, posso aceitar também a morte como um presente. "O Senhor deu, o Senhor tirou; bendito seja o nome do Senhor!" – é esse o equilíbrio espiritual que o Jó sofredor busca (Jó 1,21).

A morte não é uma mera devolução do presente da vida. Apenas empréstimos podem ser devolvidos, a devolução de um presente costuma ser um afronto àquele que deu o presente. O bilhete de entrada para a vida (lembro aqui a conversa entre Alexej e Iwan Karamasow) não pode ser devolvido. A vida não é só um presente, é uma tarefa. E a entrega da vida, que nos havia sido dada como uma oportunidade e nos havia sido confiada como missão, é, no momento da morte – do ponto de vista religioso –, um "relato sobre a missão cumprida", a hora da verdade em que se revela em que medida nós aproveitamos as oportunidades que nos foram oferecidas. O desgosto diante dessa compreensão religiosa da morte pode recorrer aos argumentos da ciência materialista; na verdade, porém, ele resulta do medo provocado pela ideia da necessidade de prestar contas diante de um juiz incorruptível. A visão ateísta segundo a qual tudo termina com a morte se apresenta aqui como uma dose de ópio consolador!

Quando o substrato biológico da nossa consciência parar de funcionar, é provável que essa consciência também se apague, o nosso ego apagará – mas será que a *vida*, a nossa vida, consiste realmente apenas nesse pequeno ego e em nada mais? Podemos reduzir o mistério da vida que nos foi dada à nossa "ocorrência biológica"?

A palavra com a qual a fé responde à pergunta sobre aquilo que virá depois da morte, a *eternidade*, o *agora* eterno, não designa alguma coisa que "será", mas algo que é, que é agora. A eternidade, aquele inimaginável – inimaginável por abarcar e ao mesmo tempo transcender o tempo, ou seja, aquela categoria em que transcorrem todas as nossas concepções e todos os nossos pensamentos –, foi atribuída ao futuro pela nossa imaginação. A imaginação costuma vê-la como um futuro contínuo e ininterrupto. Mas o futuro é imagem e símbolo de Deus apenas porque ele nos é indisponível. Mas o futuro da nossa vida que nos espera e também todo o tempo que resta à humanidade e ao nosso cosmo até o fim dos tempos é *nada* comparado com a incomparabilidade da eternidade que "é" e que "foi" e "será". Ela não é mais "longa", ela é simplesmente absolutamente diferente. Pois a eternidade é Deus, que é absolutamente diferente de tudo que não é Deus; ao mesmo tempo, ela é aquele *agora*, que está, estava e estará eternamente presente em cada momento da nossa vida.

Aquilo que aconteceu é verdadeiro, e o fato de que aconteceu (o fato, p. ex., de que você acabou de ler este texto) será eternamente verdadeiro, mesmo quando deixarmos de ser e este livro deixar de existir e quando todas as estrelas se apagarem; simplesmente não haverá um único momento em que aquilo que foi deixasse de ser verdadeiro. E usamos as palavras "Deus" e "eternidade" justamente para designar aquele ponto de referência em relação ao qual aquilo era, é e será verdadeiro, afirma Robert Spaemann em seu livro *Der letzte Gottesbeweis* [A última prova da existência de Deus][189]. O fato

---

189. Cf. SPAEMANN, R. *Der letzte Gottesbeweis*. Düsseldorf, 2007. Escrevo mais sobre esse argumento de Spaemann em meu livro *Nicht ohne Hoffnung* (Freiburg im Breisgau, 2014, p. 155s.).

de darmos outro nome a esse ponto nada muda; mas por que o chamaríamos de outra forma? Por que abriríamos mão do conceito de "Deus"? Deus é o ponto de referência, ele é aquela origem eterna de toda realidade e de sua verdade, da permanência eterna dessa verdade, ele é a verdade da eternidade.

A concepção de Deus como uma memória que não se apaga, que preserva a verdade das coisas passadas, me ajudou a superar aquele traço da dor diante da perda de um ente querido, a ideia de que, com ele, desaparece também uma parte da minha vida, da nossa memória comum; de que aquilo do qual não consigo mais me lembrar estaria perdido para sempre a partir daquele momento. "Amar significa dizer à pessoa amada: Você não morrerá", escreveu Gabriel Marcel, autor da acima mencionada distinção entre amor possessivo e amor oblativo. Esquecer-se daquele que amamos, independentemente de ele já ter morrido ou ainda viver em algum lugar, significa entregá-lo à morte. Não conseguir "soltar" o falecido significa recusar-se a entregá-lo a Deus; isso revelaria que o nosso amor por ele sempre foi e ainda é possessivo e que ele ainda precisa amadurecer e se transformar em um amor que se doa. Lembrar-se dos falecidos na oração significa encontrá-los em Deus e numa paz que não pode ser perturbada; significa vivenciar que também aquela parte da vida que vivenciamos juntos já está na eternidade, naquela memória que não se apaga. Eu ainda vivo, mas por meio daquilo que eu vivenciei com aquela pessoa que se adiantou para a eternidade, eu já estou na eternidade. O fato de eu envelhecer e perder os meus amigos não empobrece a minha vida, antes significa que a minha vida está se mudando aos poucos para aquela dimensão que enriquece a vida aqui pela dimensão do imperecível. Minha morte completa apenas aquele êxodo que ocorre ininterruptamente e do qual sou lembrado na despedida dos meus próximos.

O que será após a morte já existe agora. Esse pensamento é a dedução lógica do pensamento anterior. "Não precisamos temer a morte", pois: "quando 'nós' somos, a morte não está presente; quando a morte está presente, 'nós' não somos" – Com a ajuda dessa afirmação superficial e profundamente inverídica, Epicuro e os hedonistas de todos os tempos tentaram afastar o medo daquele momento inevitável em que a vida se encontra com a morte. Eu ofereço outra razão pela qual não precisamos temer a morte: Aquilo que será após a morte, a eternidade, existe já agora – e existem momentos em que podemos encontrá-la já nesta vida.

Não são momentos dos quais devíamos ter medo, mesmo que, contanto que os vivenciemos plenamente, evoquem o temor sagrado, pois possuem o caráter do *"tremendum et fascinans"*. Trata-se sobretudo de momentos extáticos da união num amor profundo.

Na maioria das vezes, o versículo do Cântico dos Cânticos acima mencionado não é traduzido corretamente nas lápides e nos obituários, pois ele nada tem de fúnebre. Suas palavras exatas são: *Forte como a morte é o amor*. E o que ele designa é a força da união amorosa entre um homem e uma mulher, que, às vezes, é chamada "morte pequena" (*la petite mort*).

Sim, um amor forte (e não apenas a chama do autoesvaziamento no colo de uma pessoa amada) é sempre, também, uma morte. Os místicos, os amantes passionais do absoluto, compuseram sobre isso páginas lindas de poesia teológica. *O amor é a morte do ego*, do eu pequeno, que se conecta com o "núcleo do ser humano" (o *self*) e que passa por essa *porta* ("Eu sou a porta", diz Cristo) para a eternidade. Durante a vida, esses momentos de uma união extática, de um encontro com a eternidade, sempre nos devolvem para a fragmentação do tempo, para aquilo que foi, para aquilo que é, para aquilo que ainda será. Em algum momento, porém, não precisaremos mais voltar. Em algum momento, seremos penetrados plena e eternamente por aquilo que já é e é por todos os tempos.

14

A dança do amor

Creio que Nietzsche, esse homem furioso, ferido e de visão aguçada, sempre será meu companheiro nos becos do labirinto da religião, mesmo que, provavelmente, eu não escrevesse mais aquela confissão à qual eu pretendia dar um título inspirado pelo livro de Nietzsche sobre Schopenhauer: "Nietzsche como educador".

Nietzsche me ensinou aquela coragem de não recuar diante de nenhuma objeção ou dúvida, de "navegar o mar das dúvidas sem bússola, de não temer, não hesitar, "ter duas opiniões sobre tudo" diante da ambivalência da realidade e da percepção; de não temer a solidão e marchar contra o vento, o nacionalismo e a pulsão das massas e de desprezar a adoração de ídolos porque, durante muito tempo, ela era considerada a coisa mais natural e eterna por muitos; de não respeitar no pensamento dos sinais de "Entrada proibida", de não perguntar pelo caminho, mas perguntar o próprio caminho[190]. Nietzsche me ensinou que, aqui, existe não só o mundo do dia e a luz da razão, mas também a verdade da noite, quando o mundo é mais profundo do que o dia jamais conseguiu imaginar[191]. Caso *tenha aprendido* algo disso tudo, peço que Deus, o Senhor, o impute

---

190. Cf. NIETZSCHE, F. *Also sprach Zarathustra*. 3ª parte, cap. 66: "Vom Geist der Schwere", 2.

191. Ibid. 3ª parte, cap. 91: "Das Nachtwandlerlied", 6 e 12 (Zarathustras Rundgesang).

ao "mais pio dos ímpios"! Foi justamente Nietzsche que me ensinou que grandes pensamentos merecem grandes inimigos (inimigos pequenos não é o que falta ao cristianismo) e que, muitas vezes, devemos mais aos inimigos do que ao aplauso dos amigos.

Acredito, também, que o Senhor o acolheu na eternidade como um dos profetas do Antigo Testamento, que eram destruidores passionais de ídolos, e como um dos filhos de Jacó-Israel: "Ele lutou heroicamente com Deus e venceu". Quantas dessas lutas noturnas ele travou e quantas vezes ele saiu ferido! Com quantas blasfêmias ele chamou Deus de volta para o nosso meio, o Deus que nós matamos com nossa indiferença ateísta! Com quanta urgência ele acusou tanto o ateísmo tosco das massas quanto as formas esvaziadas de adoração de ignorarem a verdade!

Quando, em sua luta com os defensores do além, ele defendeu a *lealdade à terra*, ele gritou como um leão ferido e furioso. Mas será que não ignoramos que ele via o orgulho do leão apenas como fase de transição no caminho para uma nova ingenuidade infantil?[192]

Podemos reparar todas as injustiças cometidas por aqueles que abusaram de suas palavras ou que o amaldiçoaram? Pois estes tanto quanto aqueles o confundiram com sua caricatura, como o "macaco de Zaratustra". Sim, ele mesmo foi responsável por grande parte disso com sua natureza intrometida e sua tendência notória a provocações. Pois ele sabia muito bem que, "muitas vezes, objetamos a uma opinião, quando, na verdade, é apenas o tom em que ela é apresentada que não nos é simpático"[193]. Mas existia esconderijo melhor para seu ser sensível do que o manto áspero de uma retórica militante repugnante?

Por trás de muitas páginas da religião, por trás de muitos "discursos celestiais", esse eremita de Sils-Maria com seu olfato apurado descobriu o "humano, demasiadamente humano"! E também a

---

192. Ibid., 1ª parte, cap. 12, "Die Reden Zarathustra's, Von den drei Verwandlungen".
193. Cf. NIETZSCHE, F. *Menschliches, Allzumenschliches* – Ein Buch für freie Geister Sechstes Hauptstück: Der Mensch im Verkehr, p. 303.

minha própria experiência confirma que ele estava certo em muitos pontos. Mas foi justamente na coragem de relativizar tantas coisas e tantas formas das religiões que, parece-me, foi mais um zelote do que um cantor dionisíaco; ele era – talvez inconscientemente – mais um discípulo daquele que disse: O homem não foi feito para o sábado, mas o sábado para o homem!

Uma única coisa, porém, o grande "relativizador" Jesus jamais relativizou, uma coisa ele sempre considerou absoluto, incondicional e o mais sublime de tudo: o amor.

O amor é, sem dúvida, algo humano. Nessa forma, cada um de nós humanos o conhece – seja por experiência própria, seja pelo menos de ouvir dizer. Neste livro, refleti sobre diferentes aspectos do amor, principalmente sobre aqueles que não ocorrem em tratados seculares sobre o amor: sobre o amor a Deus e o amor de Deus por nós. Será que Nietzsche diria também sobre este amor que ele é uma coisa "humana, demasiadamente humana"? Se sua resposta fosse positiva, eu teria que me distanciar dele nesse ponto. Eu entendo sua resistência àqueles que fogem da lealdade à terra e se refugiam em reinos no além; imagino as razões pelas quais ele luta com tanta veemência, principalmente em seu livro *Humano, demasiadamente humano*, contra quaisquer referências a qualquer coisa que estaria "por trás" ou "acima".

A profundeza da eternidade, porém, que eu vislumbro no amor não enfraquece em mim o *sim* à vida no aqui e no agora. Não se trata aqui de um olhar ausente com o qual ofendemos uma pessoa quando olhamos *através* dela, porque não pensamos nela ou não a percebemos. Talvez poderíamos comparar esse olhar com o olhar atento cheio de esperança e confiança com o qual um professor reconhece no aluno um talento do qual ele mesmo ainda não se conscientizou ou com o qual um noivo reconhece em sua noiva já a mãe futura de seus filhos. Quando nos olhamos com os olhos daquele que nos ama e que confia em nós, desaparecem em nós todos aqueles sentimentos de inferioridade e indignidade que nos paralisam e assim somos encorajados para a concretização daquelas possibilidades adormecidas dentro de nós que apenas o amor vê e desperta em nós.

E não foi justamente Nietzsche – talvez mais do que qualquer outro – que sabia que existe algo dentro do ser humano que sussurra em seu ouvido aquilo que ainda não foi dito, que ainda será revelado? Não consiste o fruto da coragem com a qual Nietzsche anunciou a morte daquilo que as pessoas haviam atribuído à palavra "Deus" paradoxalmente também no fato de que, hoje, podemos utilizar novamente essa palavra onde Nietzsche tentou impor o conceito do "sobre-homem" [*Übermensch*]?

Se eu tivesse que resumir a "solução" ou essência deste livro, eu diria: O amor é tão "demasiadamente humano", profundamente humano, que ele não pode ser *apenas humano*. O amor destrói todos os "nada além de" positivistas! Ele é forte demais para ser apenas uma emoção humana. *O amor é tão profundamente humano que ele testifica mais do que qualquer outra coisa da profundeza na qual o ser humano é mais do que humano, na qual o ser humano transcende a si mesmo.* E não é a transcendência, a superação própria a característica mais profunda da natureza humana?

O anseio da eternidade, da transformação do instante em eternidade, é a mentira da paixão do amor. O amor aponta justamente com sua paixão para a eternidade, ele é o rastro e o anseio da eternidade, o "antegosto da eternidade". Muitas línguas conhecem apenas uma única palavra para a paixão e o sofrimento. A paixão do amor oculta dentro de si o sofrimento da não realização; aqui na terra (na terra, nesta vida – no *saeculum*) ele já aponta para aquilo que a terra não pode dar, ele aponta para a eternidade, *ad saeculum saeculorum* – para os "séculos dos séculos".

Também o amor interpessoal, quando ele realmente é profundo e, por isso, não pode ser confundido com as mais diversas formas de substitutos do amor, é portador desse selo do divino. Também sobre ele podemos dizer o que dissemos sobre o amor a Deus: Mesmo que seu "objeto" seja um ser humano concreto, nesse tipo de amor o outro nunca é um *objeto*. Não é um *id*, é um *tu* – e cada *tu* remete ao horizonte do "tu absoluto", poderíamos dizer com Martin Buber[194].

O ensino de Cristo e a prática litúrgica dos sacramentos educam o cristão para essa compreensão: A divindade de Jesus de modo algum diminui a sua humanidade, a água do Batismo e o vinho e o pão na celebração da Eucaristia não se transformam em água aparente, em vinho aparente ou pão aparente. Quando o humano, o mundano, o físico, o material se transforma aqui em um *sinal*, isso não destrói sua "realidade", sua humanidade e materialidade. Se negássemos o aspecto físico do sinal, o sinal deixaria de ser um sinal, deixaria de ser um lugar do encontro com aquilo que se encontra sob a superfície, "além da nossa capacidade de visão". Toda visão teológica e litúrgica do mundo se apoia no paradoxo da encarnação: O universal não é acessível sem o concreto, o concreto encontra sua realização apenas por meio da participação no universal. Aquele que tenta *circundar* o concreto não alcança o universal, e aquele que permanece *preso* ao concreto sofre o mesmo destino. O universal, o "divino", existe aqui apenas no concreto, *por meio dele e com ele e nele estão toda a glória e majestade*.

O que o ensinamento cristão nos ensina sobre Cristo deve, em certo sentido, ser aplicado a todos os seres humanos. Quando eu amo o ser humano Jesus, eu amo *por meio dele e com ele e nele* também a Deus – mesmo se eu tivesse apenas uma concepção difusa ou até mesmo nenhuma concepção de Deus – pois vale a palavra de Jesus: "Eu e o Pai somos um". Quando amo outra pessoa com o

---

194. Quero, porém, acrescentar que essa "passagem" do amor por seu "objeto" de forma alguma significa uma desvalorização do "objeto" ou um enfraquecimento do meu relacionamento com ele – pelo contrário!

amor de *Jesus*, com aquele amor que prefere doar a receber, então as raízes e o objetivo desse amor se encontram num lugar que já não consigo enxergar, pois vale: "Aquele que ama permanece em Deus e Deus permanece nele". Assim, esse amor aponta para a fonte "da qual provêm a mansidão e a bondade" – e mais: Ele se torna minha participação nele.

O objetivo mais sublime da jornada espiritual dos místicos é a *participação na natureza divina*. "Somos desde já filhos de Deus, embora ainda não se haja manifestado o que havemos de ser". Assim expressa São João de modo um tanto misterioso essa promessa e acrescenta imediatamente: "Seremos semelhantes a ele, porque o veremos tal qual ele é"[195].

Todos nós fizemos as experiências mais diversas com os modos mais diversos em que participamos da sociedade e exercemos determinados papéis dentro dela. Mas como podemos "participar de Deus"? Quando os teólogos leem as Escrituras do ponto de vista místico ou estudam os místicos com atenção, eles nos dão uma resposta que é igualmente difícil de traduzir para a "língua do mundo": quando participamos da vida interior de Deus, da vida da Trindade.

Também aqui vale a pena abandonar as definições teológicas e estudar histórias e imagens. Richard Kearney lembra um ícone no qual a vida da Trindade divina é representada como um círculo, como uma dança de pessoas que dão preferência umas às outras[196]. A teologia primitiva encontrou uma expressão maravilhosa para essa dança: *perichoresis* – a interpenetração mútua. Assim se comportam

---

195. Cf. 1Jo 3,2.

196. KEARNEY, R. *The God who may be* [a primeira parte da conversa com David Caley para a rádio canadense CBC de 15/12/2006; escrevo com maior detalhe sobre isso em meu livro *Toque as feridas*, no capítulo "O Deus dançante" (Petrópolis: Vozes, 2017)].

as pessoas na Trindade e o mesmo vale para a divindade e humanidade em Cristo. Em Cristo, são inseparáveis, mas não se confundem.

E o que vale no céu vale também na terra: O que vale para a Trindade vale também para a *Trindade terrena* das "virtudes divinas" – para a fé, para a esperança e para o amor. Essas virtudes são *divinas* porque são um presente gratuito e imerecido da graça, e são *humanas* porque representam um ato livre do ser humano; caso contrário não seriam virtudes. Nelas o divino e o humano são inseparáveis, mas não confusos, a liberdade divina não restringe a liberdade humana, e vice-versa.

Entre essas virtudes também existe certa *perichoresis* – uma interpenetração mútua. A pergunta que levantamos, se o amor tem preferência sobre a fé, se revela assim como um problema apenas aparente quando nos aprofundamos na contemplação daquele ícone da dança divina: as três virtudes dão preferência umas às outras.

Além disso, suas essências são contidas umas nas outras, elas se penetram. Um amor verdadeiro não se fundamenta numa chama emocional, mas na fé e na confiança, é o que eu repito incansavelmente aos noivos. A fé se refere a "coisas que esperamos", que não existem simplesmente, mas para as quais a esperança volta o seu olhar ansioso e para as quais o amor nos atrai. Uma fé sem esperança seria cega, e uma fé sem amor seria morta. Uma esperança sem fé seria vazia, e sem o amor a esperança não possuiria a perseverança para suportar todas as provações da vida com paciência, pois apenas o amor sólido "tudo suporta"[197].

Deus é dança, digo diante do ícone, que representa a *perichoresis*, a comunhão das pessoas que se penetram mutuamente na Trindade como uma comunhão da dança. E lembro-me das palavras de

197. Cf. 1Cor 13,7.

Nietzsche: "Eu só acreditaria num Deus que soubesse dançar"[198]. *Hic Rhodus*, dance aqui, respondo eu, não é necessário seguir Dionísio e dançar a ciranda embriagada com as bacantes, que só faz a cabeça explodir; já somos velhos demais e ainda não dementes o suficiente para essas loucuras, eremita de Sils-Maria. É aqui, no coração da Trindade, que se encontra a fonte daquela *sobria ebrietas*[199], é aqui que podemos nos refrescar com o vinho do espírito, que alegra o coração do homem[200]. Nosso Senhor oferece seu melhor vinho apenas no fim![201]

Temos aqui um Deus que impulsiona o mundo com o movimento do seu amor, temos aqui um Deus que o convida para a dança do amor, na qual o céu e a terra se penetram mutuamente, a graça e a natureza, o divino e o humano, a Trindade divina e a Trindade das virtudes, com as quais dançaremos para a eternidade. Na eternidade não existe o silêncio dos túmulos, a eternidade é movimento eterno, é uma dança do amor!

Quando tentamos desculpar nossas fraquezas, dizemos: "Isso é humano!" Sim, também fraquezas, pecados e vícios fazem parte da nossa existência humana, e também eles dão determinada resposta à pergunta o que é o ser humano. Mas essa resposta não é completa, pois o ser humano não possui apenas fraquezas, mas também qualidades. Não olhemos apenas para os vícios, procuremos sempre

---

198. NIETZSCHE, F. *Also sprach Zarathustra*. Zarathustras Reden, Vom Lesen und Schreiben.

199. A embriaguez sóbria – citação do hino latino de Santo Ambrósio, *Splendor paternae gloriae*.

200. Cf. Sl 104,15.

201. Cf. Jo 2,10.

também as virtudes, principalmente "aquelas três". "A maior delas é o amor", diz o Apóstolo[202].

No amor é onde somos mais nós mesmos. No amor somos mais humanos. Mas é justamente naquilo em que somos mais humanos, totalmente humanos, humanos ao extremo, *demasiadamente humanos*, que se revela e se oferece aquilo que é mais do que humano.

Redigido durante dois veraneios no eremitério de um mosteiro contemplativo na Renânia, em agosto de 2011 e em julho de 2012.

---

202. Cf. 1Cor 13,13.

A vida merece um sentido
Sinais de Deus no caminho

Dom Itamar Vian
Frei Aldo Colombo

Jesus foi um excelente contador de história. Foi o pregador dos caminhos e nas suas pregações aparece seguidamente o cotidiano. Ele falava dos lírios do campo, das aves do céu e das searas maduras. Também estava atento à dona de casa que procurava a moeda perdida, ao pai que acolheu o filho pródigo e ao negociante que vendeu tudo para comprar uma pérola. Suas parábolas estão cheias de luz e são compreensíveis por todos.

Neste livro, de maneira direta e simples, como é a "maneira franciscana" de se comunicar, os autores procuram apresentar facetas do amor no dia a dia de cada um de nós. Tais expressões de amor são, na verdade, sinais da presença de Deus em nossa vida.

Dom Itamar Vian nasceu em Roca Sales, interior do Rio Grande do Sul, no dia 27 de agosto de 1940. Ingressou na Ordem dos Frades Menores Capuchinhos, tendo sido ordenado sacerdote a 1º de dezembro de 1968. Durante 16 anos trabalhou na formação inicial. Em 1984 foi sagrado bispo de Barra, na Bahia, e em 2002 passou, para a Diocese de Feira de Santana, como arcebispo. Na CNBB foi membro do Conselho Permanente. Em sua atuação pastoral sempre dedicou especial atenção aos meios de comunicação social.

Frei Aldo Colombo pertence à Ordem dos Frades Menores Capuchinhos do Rio Grande do Sul. Nasceu no município de Rolante, RS, aos 9 de novembro de 1937. Foi ordenado sacerdote em 12 de julho de 1964. Em três períodos exerceu a missão de ministro provincial. Pelo espaço de quatro anos atuou na Conferência dos Religiosos do Brasil, no Rio de Janeiro, como diretor de cursos. Atualmente reside em Garibaldi, RS, como superior da fraternidade. Sempre esteve ligado à Pastoral da Comunicação, especialmente no *Correio Riograndense*, onde atuou por 23 anos.